一生为扇

国家级非遗项目岳州扇制作技艺省级代表性传承人刘正文人生之旅　古崇谋

刘衍清　刘志恒　著

北京日报出版社

图书在版编目（CIP）数据

一生为扇 / 刘衍清，刘志恒著. — 北京 ： 北京日
报出版社，2021.11
　　ISBN 978-7-5477-3284-7

　　Ⅰ. ①一… Ⅱ. ①刘… ②刘… Ⅲ. ①刘正文—传记
Ⅳ. ①K825.72

　　中国版本图书馆 CIP 数据核字（2021）第 043149 号

一生为扇

出版发行：北京日报出版社

地　　址：北京市东城区东单三条 8-16 号东方广场东配楼四层

邮　　编：100005

电　　话：发行部：（010）65255876
　　　　　　总编室：（010）65252135

印　　刷：岳阳鑫容印刷有限公司

经　　销：各地新华书店

版　　次：2021 年 11 月第 1 版
　　　　　　2021 年 11 月第 1 次印刷

开　　本：787 毫米×1092 毫米　1/16

印　　张：10.25

字　　数：222 千字

定　　价：98.00 元

非遗传承 匠心追梦

CULTURAL HERITAGE

　　看到这部专门记录湖南岳阳巴陵扇社创始人刘正文先生制扇生涯的书稿样本《一生为扇》，我的心头为之一振，眼睛为之一亮。据我所知，迄今为止在我们中国扇子艺术学会还没有一位制扇大师被人著书立传过。这是个良好开端，它不仅是宣传刘正文个人，也是在宣传我们中国扇子艺术学会，宣传具有几千年悠久历史的中华民族优秀传统扇文化，是在为中华民族优秀传统扇文化的传承与创新发展"鼓"与"呼"。我作为中国扇子艺术学会的会长，看到本会成员如此之成就，一种别样的喜悦油然而生。在此，我要向刘正文先生表示深深的敬意！向《一生为扇》的问世表示热烈祝贺！我也衷心希望"一花引来百花开"，我们扇子艺术学会能有更多描绘制扇大师艺术生涯的图书问世！

　　刘正文先生从14岁开始就投身于制扇行业，至今已走过54个年头。50多年来刘正文在制扇业的传承、保护、创新发展之路上虽然走得很艰辛，但每一步却迈得很坚实，一路留下的是坚持、坚韧、坚守的脚印。一个地域的文化，是一个地域的独特印记，更是一方水土的根与魂。刘正文先生生于烟波浩瀚的洞庭湖畔，长于享有"洞庭天下水，岳阳天下楼"之美誉的岳阳楼下，这里是华夏文明重要发祥地之一。古往今来这里盛产的传统名扇——岳州扇有着厚重博大的文化根脉，闪烁着浓郁的湘水地域特色。有道是：一方水土养一方人。生于斯长于斯的刘正文，血脉中有着与生俱来的非遗传承、革故鼎新的基因，这是他传承发展岳州扇文化艺术的不竭动力。春去秋来，年复一年，不管扇子行业遇到怎样的兴衰起落，他对制扇事业总是不离不弃，非遗传承的初心不改。他把自己的命运与中国扇业紧紧地拴在了一起，凭着自己一颗顽强的初心和一双勤劳的巧手，开创出了一块熠熠生辉的制扇新天地。他创建的岳阳巴陵扇社制作的岳州扇老树添新枝，匠心独具，独树一帜，伴随着岳阳楼的美誉名扬四海，为弘扬中华民族优秀传统扇文化艺术作出了突出贡献。正因此，他当之无愧地成为湖南省工艺美术大师、湖南省非物质文化保护项目岳州扇制作技艺传承人，并当选为第六届中国扇子艺术学会常务理事，成为扇子行业的佼佼者。

中国扇子艺术学会会长

《一生为扇》这部书稿，以朴实无华的语言记述了刘正文先生在制扇道路上的风雨历程，赞美了他所取得的一系列继承发展制扇艺术的成就。字里行间，折射着刘正文先生对制扇艺术永无止境的追求；折射着他做事严细认真、做人正直厚道的高尚品质；折射着他"咬定青山不放松"坚韧不拔的毅力。可以说，刘正文的成功首先是志向的成功、做人的成功，是初心不改，方得始终。俗话说："种瓜得瓜，种豆得豆。""一分耕耘，一分收获。"在制扇行业如果多一些像刘正文这样的"执着追求者"，困境面前永不言败，中国的扇文化传承何愁后继无人，中国的扇子行业何愁不走向兴旺发达。在习总书记"四个自信"，特别是"文化自信"思想理论指引下，中国的制扇行业正面临着复兴机遇，随着国家一系列鼓励和支持传统文化产业发展的政策出台，扇文化作为中国优秀传统文化的组成部分和中国非物质文化遗产之一，越来越受到各级党委政府的重视，在苏州、在杭州、在广德、在岳阳、在成都、在重庆等等一批地方名扇纷纷列入国家和省级非遗保护项目，像刘正文这样一批优秀的老艺人，如杭州王星记扇厂的孙亚青、苏州凌云扇厂的盛春、安徽广德扇厂的王明德等等一大批制扇大师被授予非遗传承人称号，这标志着中国扇子重振雄风的时代正在到来。

中国扇子艺术学会是经民政部注册登记的国家一级社团组织。她是1981年由时任共和国名誉主席的宋庆龄亲自发起组建的，当时的党和国家领导人万里、习仲勋、耿飚、谷牧、雷洁琼以及蒋兆和、吴作人、刘海粟、启功、关山月、潘洁兹、黎雄才、关良、亚明、宋文治、侯宝林等一百多位老一辈无产阶级革命家和著名艺术家均踊跃参加了该组织。红色基因的注入，著名艺术家的精神熏陶，驱动着中国扇子艺术学会始终把传承发展优秀传统扇文化为己任，把广泛团结扇子行业的企业家、从业人员、制扇大师、书画艺术家作为职责使命，坚定走"文化自信"道路，为弘扬中国传统扇文化作出应有贡献，为实现中华民族伟大复兴的中国梦而努力奋斗。

借《一生为扇》出版的机会，谨以中国扇子艺术学会及我个人名义，向关心支持扇文化发展的社会各界表示真诚的感谢！

2020 年 6 月 30 日于北京

　　扇子，半个多世纪以前与人们的日常生活还息息相关。"六月天气热，扇子借不得。虽然是朋友，你热我也热。"小小扇子居然成为日常生活中互相调侃的话题。

　　随着电风扇、空调等日用电器的普及，扇子的实用价值似乎显得微不足道了。于是扇子的市场开始萎缩，生产和销售扇子的行业自然受到严重的冲击，到二十世纪九十年代中期，扇子企业花落凋零。举目四顾，能够支撑下来的扇子企业屈指可数，曾在二十世纪七十年代末享有中国三大名扇之称的杭州扇、苏州扇、岳州扇已风光不再。值得庆幸的是近些年来国家大力实施文化产业扶持政策，濒临消失的扇子又作为优秀的非物质文化遗产得到保护，从事扇子传统技艺制作的老艺人得到鼓励。本书主人公刘正文先生就是这样一位已在扇子行业默默奉献了54年的岳州扇人。

　　作为"扇子世家"的后人，刘正文从小就与扇子结缘，14岁时继承父亲未竟的事业，踏进盛产楠竹的大山学做扇胎，后来到专业扇厂工作，逐步掌握了传统制扇的每一道工序，成为岳州扇制扇技术队伍中的重要骨干和中坚力量。刘正文先生与扇子打了半个多世纪的交道，既见证了岳州扇的辉煌，也目睹了市场剧变给扇业带来的萧条。当他钟爱的扇厂即将关门之际，刘正文在心里立下誓言，"就是只剩下自己一个人，也要保住岳州扇这块祖宗留下来的牌子。"刘正文是这样想的，也是这样做的。他首先带领他的家人和原岳阳制扇厂南井附属分厂的生产骨干组建了"岳阳巴陵扇社"，继续投入岳州扇的生产。面对早已清冷的扇子销售市场和初创阶段遭遇的挫折，刘正文毫不气馁，他冷静分析扇子的市场走向和消费者需求，制订了后来使岳州扇绝处逢生的对策。凭着自己娴熟的制扇技艺和脚踏实地的进取精神，终于走出了一条坚持传统特色与创新相结合的兴业之道，由生产大路货向高中档传统手工

艺旅游扇和收藏扇发展，他的各种全斑竹扇以珍贵的原料、精湛的技艺和古朴典雅的造型受到社会各界的推崇。他的直径3.3米书画扇和直径3寸斑竹扇，以一大一小刷新了中外竹制折扇的纪录。刘正文先生还在岳阳文庙庙前街为巴陵扇社设立的一片窗口，吸引了不少追捧传统手工折扇的省内外媒体人士前来采访，全国各地的扇子爱好者也慕名而来，欣赏、选购自己中意的岳州扇珍品，甚至北京、上海、武汉、长沙等地的高等院校大学生和中小学生也纷至沓来，观摩刘正文先生演示岳州扇全手工制作技艺，接受精彩绝伦的中华非物质文化的熏陶。

"扇子送风，无意成艺。"刘正文用他的经历诠释了中国著名画家吴冠中先生的至理名言。扇子"送风"的实用价值有限，但艺术是无限的，刘正文先生正是领悟了传统名扇生存和发展的"秘诀"，从提高扇子艺术价值、欣赏价值、收藏价值入手，实现了当初"无论如何要保住岳州扇这块祖宗留下来的牌子"的诺言。刘正文先生以他的执着和成就受到各级部门的高度重视和社会各界的好评，他获得由湖南省人民政府授予的工艺美术大师和湖南省非遗岳州扇制作技艺传承人的双桂冠。

一生为扇，是刘正文人生的真实写照。"扇"与"善"谐音，本义又是同根同源的中国传统文化，刘正文先生一生为扇，为传承和弘扬岳州扇文化奉献了毕生的心血，善莫大焉！

本书按照时间顺序全景式记录了刘正文先生传承岳州扇的人生之旅，为了方便读者对中国扇子有个大致的了解，本书还简略介绍了有关扇子的历史，同时根据相关资料搜录了有关扇子鉴赏和收藏方面的基本知识。对于扇子品鉴与收藏行家来说，拙作只能叫"班门弄斧"。作者初衷旨在抛砖引玉，目的是让大家都来关注我们的岳州扇文化，关注制扇大师刘正文先生全身心投入的事业。若如此，亦"扇"莫大焉。错讹之处，尚祈诸位行家指正。

2020 年 5 月，刘衍清记于衍清藏书楼

竹篁為骨帝為衣　書畫詩詞任爾題

萬里江山箋上展　半輪明月袖中移

丹心一顆凝雯扇　銀髮滿頭映彩霓

啟後承前君獨健　中華古藝綻新枝

衍清先生睛劉正文先生一心為扇詩

庚子孟夏禹中斌立於北京

刘衍清　诗　　禹中斌　书

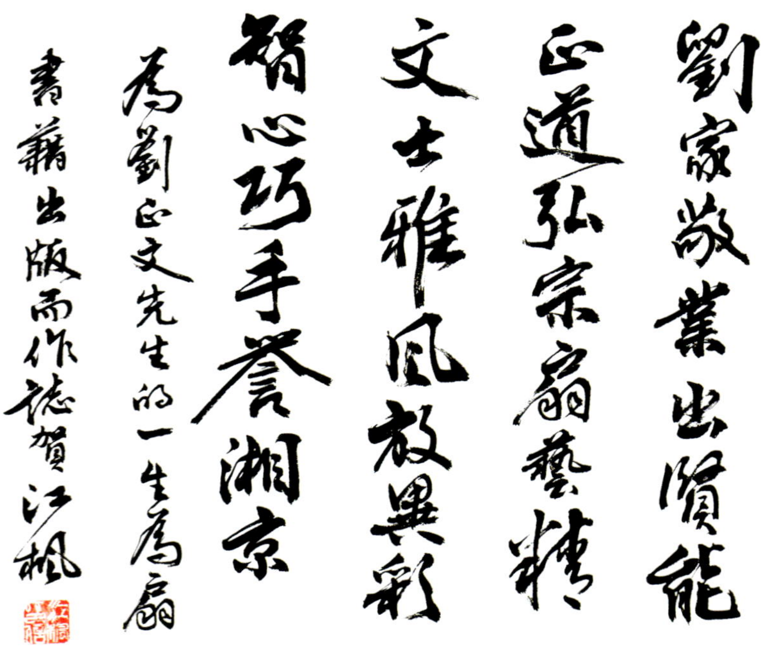

刘家敬业出隙能

正道弘宗扇艺精

文士雅风放异彩

智心巧手誉湘京

为刘正文先生的一生为扇

青苹出版而作谨贺 江枫

中国扇子艺术学会副秘书长江枫

刘家敬业出贤能

正道弘宗扇艺精

文士雅风放异彩

智心巧手誉湘京

为刘正文先生的一生为扇书籍出版而作

江枫撰并书于北京

卜算子·咏岳阳巴陵扇

飒飒送清凉，手上风云起。水外青山花外楼，舒卷千秋事。
半月入襟胸，化作英雄气。百折生涯硬骨撑，情向巴陵寄。
沈保玲

抱节硬腰撑，枝叶风云涌。展卷铺笺水月中，引得春雷动。
古郡论豪雄，摇扇佳人颂。东去滔滔不了缘，挚爱于心捧。
余倚华

铁骨炼深山，玉琢精工巧。纵篾如虹月半圆，一展英姿俏。
雅室入清风，淡影怀中抱。撩动胸衫若谷开，俗气全然扫。
李岳武

一生为庙

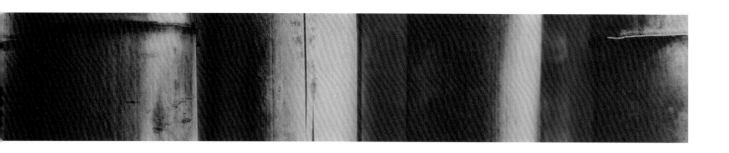

　　走进雄峙洞庭湖畔的岳阳楼，迎面可见宋代大文学家、大政治家范仲淹写的千古雄文《岳阳楼记》，挂在两边的则是清代文人窦垿撰写的一副楹联：

　　一楼何奇？杜少陵五言绝唱，范希文两字关情，滕子京百废俱兴，吕纯阳三过必醉，诗耶？儒耶？吏耶？仙耶？前不见古人，使我怆然涕下；

　　诸君试看，洞庭湖南极潇湘，扬子江北通巫峡，巴陵山西来爽气，岳州城东道岩疆，渚者、流者、峙者、镇者，此中有真意，问谁领会得来？

　　这副长达 102 字的楹联是清同治六年（公元 1867 年）两江总督曾国荃重修岳阳楼时，由云南省罗平县文人窦垿撰文，湖南省道县大书法家何绍基书写后雕刻的。统观全联，上联概括了岳阳楼有关的历史人物，下联从岳阳楼东南西北四个方向描述了岳阳楼所处的地理位置，即南面是南极潇湘的洞庭湖，北面是北通巫峡的扬子江，西面的巴陵山应指河西天井山一带巴陵县所属的山脉，而"东道岩疆"则是泛指岳阳城以东峰峦起伏的山区了。

　　古代，出岳州城东门便是岳阳人所称的东乡。越往东走，山越多越高，百里开外更是山高路险，海拔 300 ～ 600 米的中高山延绵不断，其中大云山海拔 911.1 米，称为"巴陵第一高峰"的相思山海拔 957.2 米。岳阳县分布在这些山区的乡镇主要为毛田、月田、公田和渭洞（今称张谷英镇）等 4 个乡镇，即岳阳东乡的"三田一洞"。

由于"三田一洞"地处偏僻的山区，山多田少，山区群众生活一般要比湖区、丘陵区的群众穷一些。然而穷则思变，"三田一洞"的老百姓除从事农业生产以外，一些传统的手工业技艺便成为他们的谋生手段。因此自古以来，"三田一洞"的手艺人要比丘陵区、湖区多。有的做木匠，有的做篾匠，有的做扇匠，有的做陶匠。二十世纪五十年代岳阳市成立国营瓷厂时，技术和设备便是由公田陶瓷厂整体迁移过来的。尤其是与平江接壤的渭洞山区竹林资源特别丰富，生长格外茂盛，且竹质嫩，韧性好，纤维均匀，竹节长，适合做扇子的原材料。于是这里成了为岳阳各家扇厂以及毗邻的湖北洪湖、武汉和浙江杭州、苏州扇庄加工扇骨毛坯的基地。除渭洞本乡以外，周边毛田、月田、公田、甘田一带田少人多且楠竹资源匮乏的屋场也有不少人"进洞"从事扇骨生产和贩运，季节忙时达数千人之多。本书主人公刘正文就出生于山区的一个制扇世家。

刘正文的老家是毛田南冲的染坊村（1978年被淹没入铁山水库水下）。染坊，顾名思义就是染布的作坊。从前这里是远近闻名的大染坊，山民们将自己纺织的土布送到染坊染成各种各样的颜色，然后由裁缝做成各色的衣服。方圆百里就这一家染坊，染坊村人也就靠染布染发了财。老一辈人说染坊村有48口天井，像附近的张谷英村一样屋连着屋，下雨出门不会打湿脚。陌生人进了村如同进了迷宫找不到出口。但后来时兴洋布了，染土布穿土布衣的人少了，染坊与人们的生活需要渐行渐远，染坊村的染坊也不知道从什么时候起淡出人们的视野，只留下了一个染坊村的名称。

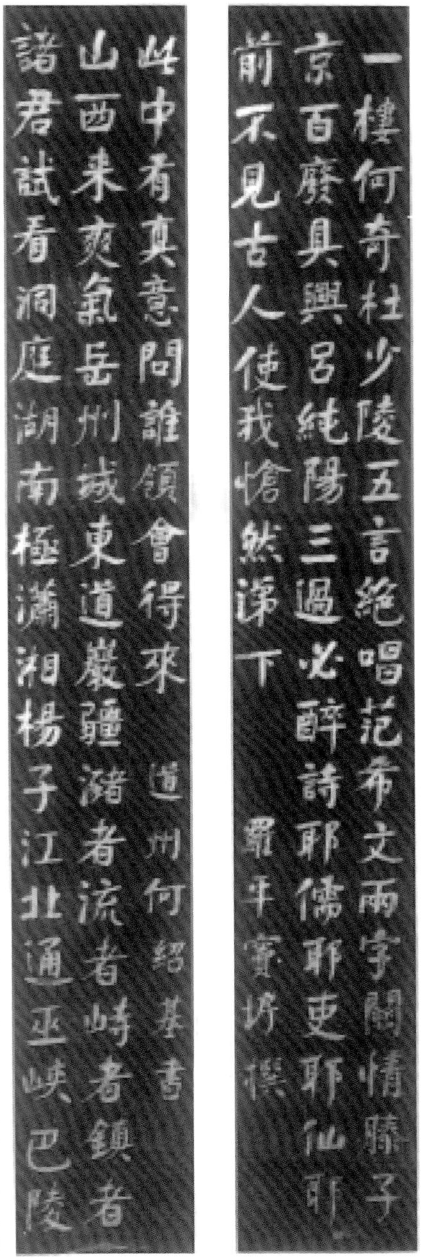

一樓何奇杜少陵五言絶唱范希文兩字關情滕子京百廢具興呂純陽三過必醉詩耶儒耶吏耶仙耶前不見古人使我愴然涕下

羅平實垮撰

岾中看真意問誰領會得來道州何紹基書

山西来爽氣岳州城東道巖疆潴者流者峙者鎮者

諸君試看洞庭湖南極瀟湘楊子江北通巫峽巴陵

何绍基书实垮撰岳阳楼楹联

3

　　俗话说，车到山前必有路，染坊村人有的是谋生的办法，当年他们的祖先就是从千里之外的江西来到这片荒芜的大山，一路筚路蓝缕兴家立业的。染坊大屋全是清一色的刘姓族人，巴陵《刘氏族谱》记载，巴陵（今岳阳）刘姓先祖叫刘仲二，元末曾授仕林郎，育有福一、福二、福三、福四4个儿子。前三子均已成家，刘仲二带着尚未成家的四子刘福四由江西瑞州府新昌县天宝乡迁到岳州府临湘县与湖北通城交界的詹桥土门界落业。刘福四娶亲后连生九子：辛一、辛二、辛三、辛四、辛五、辛六、辛七、辛八、辛九。后来九子的后裔大部分分布到岳阳县的毛田、筻口、西塘、康王、广兴和临湘白羊田、云溪以及湖北监利、四川奉节、巫山一带。其中福四公的满子辛九公迁徙到与土门界仅一山之隔的毛田南冲落业，嗣后子孙繁衍。

　　染坊村不远就是刘氏祠堂，也是乡里的学堂。刘正文的父亲刘如东生于光绪二十六年，祠堂小学还没毕业就在染坊打工。染坊衰败后，他前往渭洞学习扇子的制作技术。明清以来岳州扇就是岳州府一府四县的民间传统手工艺。明隆庆《岳州府志》载："平江扇多，骨面而轻。"《巴陵县志》记载，"邑中婚事既定聘后，其中男家送礼，女家用荷包、扇插回礼"，扇插是随身佩戴放置折扇的工具，以扇插与荷包一道作为信物馈赠，可见扇子已成为民间礼俗中重要的信物。岳州扇毛胎主要产于"三田一洞"中交通最为闭塞的渭洞山区，扇子作坊遍布大山丛中的山凹。当时的渭洞没有一条通往山外的车道，全靠人力挑着扇胚翻过一座又一座高山，走过一条又一条羊肠小道，挑到渭洞与饶村交界的大峰山南麓，然后翻过"牛背洞（今称刘备洞）"一个叫陡沙口的古驿道，把扇子送到甘田椇田的扇胎集散地，再由卖方用独轮车推到岳州城。除城里销一点外，大多扇胎搭船送往洪湖新堤镇的各家扇庄。为了帮山里人的扇胎找出路，刘如东常年劳碌奔走于岳阳至洪湖和武汉、南京和上海之间。水陆兼程，饱受车船劳顿之苦。

二十世纪二十年代到五十年代初活跃在湘鄂扇子市场的岳
州扇商刘如东先生（1898—1954）

刘如东娶妻周氏，人丁兴旺，先后添了五女二男，其中最小的满崽叫刘正文，小名满龙。生于1952年农历七月中旬。

刘如东生性勤快，任劳任怨，人缘又好。无论在做扇胎的渭洞，还是在收扇胎的洪湖，刘如东的口碑都比别人好，因此扇胎买卖做得如鱼得水，家里人的生活也慢慢过得像样了。谁知天有不测风云，人有旦夕祸福，1954年的一天，刘如东从洪湖返岳阳的途中，突然头部剧烈疼痛。回到染坊村不久，刘如东就一病不起，服药也无效。在妻儿的放声号恸中，正值中年的刘如东壮志未酬，撒手尘寰。是年，幼子刘正文仅2岁。

　　不到两岁丧父，父亲在刘正文心中没有留下什么印象，幸好父亲民国时期在汉口贩扇时拍摄的照片，被母亲珍藏起来，懂事后的刘正文从照片上看到头戴瓜皮帽、身穿对襟长袍的父亲面目清秀，温文尔雅，手中拿着一把纸折扇，充满睿智的眼光似乎含着一种对未来的祈盼。他也从母亲那里听到，父亲与扇骨子打了一辈子交道，对扇子行当怀有特殊的感情。直到突然病倒的前一刻，他父亲还在与人交谈扇子方面的事，说父亲准备在城里办个扇厂。冥冥之中，刘正文仿佛把自己的命运与父亲未竟的事业紧紧连在一起。在刘氏祠堂里的南冲学校读书时，刘正文总是有意无意地看人家怎样劈竹筒、削篾片、做扇骨……有时还像在扇骨上刻字一样，帮同学们在笔筒上刻名字，刻一个笔筒能赚 5 分钱。

　　1966 年，刘正文正在刘氏祠堂内的学校读初中一年级，一场在神州大地突飚的风暴打破了校园的平静。这年刘正文 14 岁，课没得上了，但他不能像学校里的大哥哥大姐姐那样戴着红袖章外出串联，也不能跟在大人们的屁股后面喊口号。他要为含辛茹苦带大 7 个儿女的母亲减轻压力，不是参加田间劳动，就是扯猪菜、扒柴火。说来也巧，父亲去世后，二姐、四姐先后嫁到了公田长安桥的苏家冲。苏家冲没有一户姓苏，全是谢姓人家。四姐夫会做扇骨，四姐夫的哥哥谢秋生更是做扇骨的高手，长期被渭洞山区请去做扇骨师傅。一次，刘正文从回娘家的四姐那里了解到这一信息，心里产生一种念想——去渭洞拜四姐夫的哥哥谢秋生为师学习扇艺。日有所思，夜有所梦。这天夜里，他做了一个梦，梦见自己进了深山，砍下一根根竹子，然后削成了一片片青幽幽白花花的扇骨子……他把心里的想法对母亲说了，母亲认为他年龄太小，做扇骨是个苦力活，要用篾刀破竹筒，一把篾刀有好几斤重，竹子又光滑，弄不好就会劈到手，弄个皮破血流，母亲不愿儿子去冒这个险。小正文理解母亲的苦楚，也一时舍不得离开朝夕相处的慈母。父亲不到 56 岁病故，一直守寡的母亲为儿女们的成长不知操了多少心，受了多少累。每天晚上坐在纺车边上纺个不停，一天要纺一斤棉纱，经常纺到半夜，刘正文睡着了，梦醒了，还听见母亲的纺车在吱吱呀呀地响。刘正文想到如果自己不去学艺，每天就在生产队出工，工分比妇女劳力还要少，连自己的口粮都难挣到，成了家里的累赘。于是一有时间就跟母亲磨嘴皮。母亲终于松了口，答应由刘正文的五哥送他去渭洞找姻亲谢秋生拜师学艺。初秋的一天，晨雾还在山间环绕，14 岁的刘正文告别了染坊村，和陪他去渭洞的五哥一道，沿着父亲曾经走过的路启程了。

慈母手中线

　　渭洞，即岳阳县东乡"三田一洞"中的"洞"。渭洞并不是一个洞，而是四面都是崇山峻岭的小盆地，峡谷众多而又幽深，山中的峡谷被人们称为洞。渭洞中间有条穿洞而过的溪流叫渭溪，因此旧称渭洞。直到二十世纪八十年代旅游业兴起后，因其地有个号称"天下第一村"的张谷英村，而改称张谷英镇。

　　刘正文清晰地记得五哥送他赴渭洞学制扇子的情景。早晨从染坊村动身，仅大他7岁的五哥肩上挑着100斤大米，那时外出吃饭都要粮票，乡下人没有粮票，吃"黑市"要多花钱，只好自带口粮。那时毛田到渭洞还不通公路，哥俩一路步行先到了公田，然后沿着饶港通往渭洞的小路继续前行。出了饶港就是饶村与渭洞的交界处，前面一座大山，叫大峰山，是饶村与渭洞交界处最高的山。路越往前走越窄，越往上走越陡。到了一处叫牛背洞（也就是后来称作"刘备洞"）的山下时，已到中午时分，刘正文实在走不动了，想歇一歇。挑着一担米走在前面的五哥回过头喊着弟弟的小号说："满龙老弟，上这个坡有座歇亭，那里有柴火灶，把饭菜热一热，我们吃饭。"一听吃饭，小正文才觉得肚子有点饿了，离家时带的饭菜早已凉了，只能到前面的灶上热饭热菜，于是打起精神上了陡坡中间的石板路。

　　这原是一条平江经渭洞通岳州府城的古驿道，修公路前，凡是由渭洞山区走出山外必须经过这条唯一的通道。"一夫当关，万夫莫过"，这里自古以来除驿卒过往外，来往商贾、士子、百姓络绎不绝。年长日久，青石板铺成的驿道被人们的脚步和独轮车磨得凹凸不平。在长约4000米的驿道中段有道山岭叫"陡石口"，中间的驿道系开山凿石而成，陡峭如梯，旁有悬崖飞瀑，地势险要。人们行此往往休停歇脚。因此官方在此建有歇亭3间，中间的凉亭跨在驿道中间，旁边两间便房供驿使与行人稍息和饮茶热饭。歇亭内一直有人居住，义务为来往的行客烧茶热饭。刘正文随五哥精疲力尽地走到歇亭，马上掏出冷饭冷菜在歇亭的柴灶上加热，然后坐在凉亭侧边的石凳上吃起来。

"刘备洞"陡石口的古歇亭及瀑布流泉

离开歇亭，小正文和五哥继续沿着山间的驿道翻山越岭，下山后就到了渭洞地界。虽然从染坊村出发已走了三四十里路，但离目的地芭蕉乡（今已并入张谷英镇）大王洞黄花垱仍有二三十里路。他即将拜的制扇师傅谢秋生就在这里做扇骨。

谢秋生，1939年出生，他的师傅叫高仲胡（1857-1956）。高仲胡的师傅是兰德成（1857-1927）。兰德成又以兰有明（1820-1895）为师，兰有名称得上"三田一洞"一带制作岳州扇骨泰斗式的人物了。因此到谢秋生这代算得上是第四代扇艺传人了。年仅14岁的刘正文决意拜秋生为师，既是为了减轻家里负担，也是想名师出高徒，在扇子行当做出点名堂。而谢秋生又是刘正文四姐夫的兄长，平时就听说刘正文聪明好学，是个做扇的好苗子，于是很爽快地答应收他为徒。那时做扇子的师傅一般都在盛产楠竹的渭洞山区就地取材制作扇骨，然后交钱给生产队计工分。当时谢秋生在大王洞打箭山黄花垱一户姓兰的农户家里做扇。打箭山盛产古代适合作箭杆的竹子，官府曾于此造箭而得名。

经过一天的艰难跋涉，傍晚时分，刘正文终于和五哥一道经狭长的大王洞山谷，登上打箭山旁的黄花垱，见到了正在劈篾的师傅，刘正文朝着师傅规规矩矩行了一个拜师礼。

这一夜，刘正文与五哥睡在一张床铺上。俩兄弟从未分开过，也没有单独离开过家，特别是从未离开过含辛茹苦把他兄弟姊妹拉扯成人的慈母。想到第二天一清早五哥就要返回染坊，从此独身异处他乡，一种难舍难分的情绪使他彻夜难眠。他不时侧过身，不让五哥看到眼眶里滚动的泪水。但想到自己是出来学艺的，不能想东想西，不然学不到真本事。于是闭上眼，听着打箭山上竹林窸窸窣窣的声响，慢慢进入了梦乡。梦中他仿佛见到了曾在照片中见过的父亲，拿着一把扇子鼓励他好好学习扇艺，做一名有本事的制扇人。

54年后的2020年4月，刘正文重走陵石口古驿道

劲竹挺拔

　　刘正文和师傅谢秋生寄居的东家叫兰品舟，是大王洞村（现并入松树村）的农民。做扇骨的竹子都是竹山上的集体财产，必须由本队的农户砍伐后卖给做扇的师傅，所得的钱交给队上记工分，然后再按工分计酬。由于当时乡下还没有煤烧，煮饭炒菜只能烧柴火，但烧柴的缺口又很大，而用来做扇骨的一根竹子除掉有用部分，有六成以上边角废料可以做柴烧。因此农户都乐意把扇匠请到自己家里做扇骨，省得上山费工夫寻柴。刘正文自从跟随师傅学做扇，自然也得到兰品舟一家人的照顾。兰家自己吃的饭掺了一半苕丝，而谢秋生和几个学徒吃的米饭中掺的苕丝很少，甚至是净白米饭。"咽饭"的菜也好些，弄得兰家几个孩子嘴馋。

　　大王洞原属渭洞区（即今张谷英镇）下辖的三个乡之一的芭蕉乡，其余两个为渭洞乡、饶村乡。民间素有"渭洞像面鼓，饶村像面锣，芭蕉像面扇"的形象概括。芭蕉乡茂林修竹，是"万亩竹海"渭洞的重要楠竹产地，海拔300～600米的群山宛如一把半圆形的扇面，而这里的楠竹通体修长、亭亭玉立，高达十五六米，竹的直径达20厘米，竹节之间可达40厘米，材质优良，是制作扇骨的优质原料。因此，兰有明、兰德成、高仲胡、谢秋生等几代扇骨制艺高手都先后在芭蕉乡做艺传艺。名师出高徒，在谢秋生手把手的传授下，刘正文逐步学习制作扇骨的全套工艺流程。从选材开始，能够从生长年龄不同的成片竹林中，选取五六年的成竹为扇料，然后砍下来锯筒，劈片，边骨推青，边骨钻眼，镶边骨，劈小骨，小骨推青，晒干，存放。存放一定时间的扇料方可进行拉光，小骨钻眼，镶头道，拉尖，刮楞，弹头等工序，做成扇的毛胎，又称扇骨。

　　在师傅谢秋生的眼里，黄花垱学艺的三个徒弟中，刘正文最吃得苦。为了削出厚薄均匀的篾片，刘正文的手经常被篾刀削伤、出血，但从不见他喊痛。有时白天没有把竹片削好，刘正文晚上还偷偷地在月光下继续削。每次吃饭，刘正文总是主动为大家煮饭，洗碗。由于心里想着做扇骨的事，好几次倒洗碗水时，连洗碗的钵子也不留神甩了出去。

　　为了学艺，刘正文什么苦都能吃。那个时代吃猪肉要凭计划，没有肉票买不到肉。一次为了买8斤猪肉，来回跑了50多公里。师傅谢秋生的家在公田，两个学徒也是公田人，公田的肉票只能在公田用，渭洞用不上。刘正文带着谢师傅家里攒的8斤肉票，从大王洞经芭蕉，再由张谷英村西北面的大峰山到牛背洞，翻越陡石口到饶村，当晚在公田苏家庄四姐家住了一晚，次日清早就到镇上排队用肉票买了8斤肉和1斤海带。然后原路返回。当晚谢秋生师徒4人，加兰品舟夫妻儿女5人美美地享受了这顿刘正文用脚上的血泡换来的"牙祭"。据刘正文回忆，当天一顿9个人就把用8斤肉和海带煮的一锅菜吃了个精光。

在大王洞黄花垱兰家做了一年扇骨后，刘正文又随师傅在芭蕉山区流动做艺，先后辗转新改、竹坪、豪坑、桂峰、马家洞、板桥洞、龙洞和月田上洞一带竹林资源丰富的村庄。做好的扇骨都用独轮车推到原芭蕉、渭洞两乡交界的石壁头，卖给岳阳扇厂设在这里的扇骨收购点负责人兰亚兵，然后由扇厂将毛胎扇骨拉回岳州制扇厂家加工成扇子成品。当时到渭洞山区做扇坯的艺匠较多，大多是甘田、公田、毛田一带因田少人多纷纷进"洞"学做扇子谋生的农民。由于刘正文的师傅谢秋生的扇骨质量最好，因此除了成为岳阳扇厂的抢手货以外，还被湖北洪湖扇厂派专人收购，再由独轮车运到岳阳，然后搭船出洞庭、下长江，运到洪湖扇庄集中的新堤镇。

一天，刘正文正随师傅谢秋生在与渭洞交界的月田上洞做扇胎，突然门外来了一位来自湖北洪湖的客人，姓朱，是洪湖扇厂的业务员。原来洪湖不产竹子，然而又有生产纸折扇的传统。洪湖扇业主要集中在紧傍长江的新堤镇，与岳阳临湘仅一江之隔，明清以来岳州渭洞的扇骨就源源不断地运到洪湖新堤，清代即有"湘竹麇集于新堤，使州户居民皆劈竹，日夕不休，所产扇胎以捆计……"的记载。刘正文的父亲刘如东生前就长期外出销扇骨，去的最多的就是洪湖县新堤镇。到了长江冬季枯水季节，新堤的石码头远离长江，绕路有近10公里，刘如东乘船上岸后，要挑着100多斤的扇骨步行，累得气喘吁吁，由于长年劳累奔波而英年早逝。这次洪湖扇厂的朱姓业务

洪湖石码头（资料照片）

员就是专程邀请谢秋生师傅和他的爱徒刘正文去洪湖指导制扇工艺，也是为了减少冬季枯水后扇骨运输的成本。

　　"洪湖水，浪打浪……"刘正文从小就熟悉这首出自电影《洪湖赤卫队》的著名歌曲，加上母亲经常提到父亲在洪湖经营扇骨的事。因此师傅征求他去不去洪湖的意见时，刘正文满口应允了。稍事收拾，刘正文便和师傅从月田上洞动身前往洪湖。好在月田已有班车通岳阳城，师徒俩搭上班车到达岳阳，然后由岳阳楼轮船码头乘船顺江而下，抵达洪湖新堤码头。

　　洪湖扇厂又叫扇筷厂。因本地不产竹，运来的竹子除了做扇胎，边角余料弃之可惜，于是改作筷子，一竹两用。刘正文随师傅来到洪湖扇筷厂后，对岳州扇的历史有了更多的了解。明清以来洪湖扇业即以岳阳渭洞的扇胎为骨，融入了"岳州扇"的特色与风格。而洪湖销往武汉、杭州、天津、沈阳、大连、南京、上海等地的扇骨都只注明××扇庄出品，外行人不知扇骨产地，更不知产于岳州。早在南宋时代就有一首写扇子的《蝶恋花》词就写到"几股湘江龙骨瘦，巧样翻腾，叠作湘波皱……一握清风，暂喜怀中透"，词中的"湘竹"自然包括岳州渭洞的扇骨了。

　　从随师傅到洪湖做扇，刘正文对父亲当年与洪湖的渊源有了更多的认识。在这里，他还见到了与父亲打过多年交道的老扇匠，老扇匠说他父亲刘如东文武双全，不然一个人独自外销扇骨，遇到强盗打劫，就会受欺侮。老扇匠还勉励刘正文说，现在世道好了，不担惊受怕了，可要发狠学技术，今后像他父亲那样为扇业发展做一番贡献。在这里，刘正文还了解了许多在山里无法了解的知识。过去他在渭洞山区向师傅学的仅仅是做扇骨毛坯，而洪湖外销的纸折扇则是在形神、图案和装饰方面显示出特有的魅力，成为一门融实用与欣赏、收藏于一体的独特工艺。刘正文下决心全面学习，取人之长，补己之短，为今后岳州扇的发展夯实基础。为了集中精力学好技术，刘正文除了春节回家一趟，其余时间都在做扇，从未休息过一个星期天。那时吃饭要用粮票，刘正文吃的是农村粮，没有粮票，买"黑市粮"要多花钱。为了支持弟弟学艺，也为了给家里省买粮食的钱，刘正文的五哥每隔两个月担100斤米乘船送到洪湖，并顺便捎带母亲亲手做的干菜、霉豆腐。正文也把赚的钱托五哥带给母亲。

　　从1968年到1974年，刘正文在洪湖边一待就是整整6年。从一位16岁的少年成为一名进入成熟年龄的英俊小伙，也成为一位掌握了全套制扇技艺的熟练师傅。刘正文削竹片时闭着眼睛也能凭着感觉运刀如飞，把竹片削得厚薄均匀仅一毫米，因此被人称作"刘飞刀"。师傅谢秋生来洪湖后仅一年多就思乡心切，返回了家乡，而刘正文被洪湖扇厂一再挽留。直到来洪湖的第6个年头，刘正文愈来愈思念家乡，思念父亲去世后把7个子女拉扯成人的母亲而果断辞职。一颗滚荡的心由"浪打浪"的洪湖早已飞到了波澜壮阔的八百里洞庭……

【牛刀小试】

　　1974年仲夏的一天夜晚，随着长江码头上的一声汽笛长鸣，买到一张8角钱的船票的刘正文离开洪湖新堤。溯江而上，经螺山、白螺矶、道仁矶、城陵矶，凌晨到达岳阳楼轮船码头。思乡心切的刘正文顾不上吃早饭，沿着岳阳楼前的洞庭马路一路小跑，经吊桥、茶巷子、观音阁，然后下一个陡坡，穿过京广铁路线的道口，匆匆赶到东茅岭湘运长途汽车站，搭上了开往毛田的第一趟班车。

　　中午时分，风尘仆仆的刘正文到达了染坊村。见到正在低头纺纱的母亲和六姐，眼眶盈满泪水的刘正文轻轻地叫了一声"妈！"打父亲去世，堂屋里曾经摆着5辆纺车，母亲带着大姐、二姐、三姐、四姐纺纱，补贴家用。4个姐姐先后出嫁，五哥也早已成家立业，剩下六姐陪伴在母亲身边。

　　回乡的第一夜，刘正文心情很不平静，他本来打算回乡看望母亲后就去城里的制扇厂应聘，但见到母亲苍老的容颜、干瘪的双手和期许聚少离多的儿子留在身边的眼光，刘正文不忍

二十世纪七十年代末岳阳制扇厂接待外宾的情景（资料照片）

说走就走。加上头一年春节回家已应允了一桩婚事，对象是毛田镇上缫丝厂的女工，叫李姣玉，要走也要一起走。于是刘正文来了个"以扇为媒"，他从山上砍了几根竹子，教未婚妻学做扇骨。不过多久，心灵手巧的未婚妻就掌握了做扇胎的基本技术。

1974年一个金风送爽的日子，办完婚事的刘正文和李姣玉双双走进了岳阳制扇厂的大门。厂领导李达英、龚银书早就了解刘正文制扇技艺高超，除了安排带学徒以外，还参与开发岳州扇新的花色品种。

岳阳制扇厂的前身是岳阳竹器生产合作社内设的制扇车间，有职工40名，1957年岳州扇开始外销，成为湖南省最早出口的轻工业产品之一。1960年建为岳阳制扇厂，到1974年职工已达200多人，产品既出口又内销。为了提高产品质量，增加花色品种，厂长李达英、副厂长龚银书决定引进人才。刘正文就是了解这一信息后"毛遂自荐"来到岳阳扇厂的。振兴岳州扇也是他多年的夙愿。

来制扇厂后，刘正文虚心向郭炳良等老师傅学习，他的扇艺才华得到充分发挥，并设计制作了8把套扇的扇骨。这8把扇骨全部采用竹子的头青，晶莹润泽，宛如青玉。扇面则由岳阳本土中国画功底深厚的知名画家手绘，体现岳阳优美的自然风光和人文景观。1975年国家轻工部在全国扇子行业评比中，将苏州扇、杭州扇、岳州扇并列为中国三大名扇，这其中就有刘正文设计制作的套扇扇骨的一份功劳。1976年，刘正文参与设计制作的9寸25股毛绒扇青篾扇骨获得国家轻工部奖项。

二十世纪七十年代末的岳州扇（资料照片）

　　二十世纪七十年代末，是岳州扇走向兴旺的一年，也是刘正文充分发挥制扇才智的阶段。由于为岳阳市制扇厂的扇骨设计作出了显著的贡献，爱才心切的厂党支部书记、厂长李达英和副厂长龚银书将刘正文、妻子李姣玉的农村户口迁来市区，二人成为厂里挑大梁的扇坯生产设计骨干。

　　进入八十年代后，岳阳市制扇厂利用岳阳市列入长江中下游首批对外开放城市的机遇，大力发展旅游工艺产品，在发掘和整理传统制扇工艺的同时，不断创新工艺、丰富花色品种，开拓了以纸扇为主的各种制扇工艺，开发了纸扇、羽毛扇、绢扇、骨扇、绒扇、套扇等186个品种、500多个花色。岳阳制扇厂成了国内外游客来岳阳游览观光的接待点。来厂里参观、购买岳州扇的除国内20多个省市和港、澳、台地区的游客以外，还有日本、美国、英国、法国、加拿大、瑞典、新加坡、澳大利亚、挪威、荷兰等40多个国家的贵宾。岳州扇先后被省轻工厅评为优质产品和创全国名牌产品。岳阳市制扇厂还连续几年被省外贸部门评为创汇先进单位。《人民日报》《光明日报》《工人日报》《湖南日报》、湖南电视台、湖南人民广播电台等中央、省级媒体先后对江南三大名扇岳州扇作了大量报道。1980年岳阳制扇厂职工人数达346人，与当时的杭扇、苏扇骨干厂家旗鼓相当。

二十世纪八十年代初中日友好城市日本国沼津市代表团在岳阳制扇厂参观的情景（资料图片）

二十世纪八十年代初岳阳制扇厂生产的扇子

二十世纪八十年代，岳州扇成为报纸、电台、电视台及书刊宣传的热点（原载1987年《人民武警报》）

（原载1983年版湖南美术出版社《湖南风味特产指南》）

为了配合各类扇种的开发，包括刘正文在内的技术人员为提升扇骨的质量做了大量的贡献。扇骨的设计制作由粗到精，由拙到雅。过去，制作岳州扇的普通扇骨分头青、二黄（黄篾），做工和打磨方面都是沿用老模式。开发旅游工艺扇以后，刘正文和厂里的技术人员一道在原有传统工艺的基础上，首先从选材入手，竹材以应坡五六年老竹无斑点者为上，并全部采用头青，然后将大骨刮青，用明矾水煮过，再放于室外，日晒夜露，使青色变成金黄色。同时采用2000目砂纸打水磨，再用木则草（中药材）沾水，将扇骨磨光，然后用特制的棕榈刷打光。这种扇骨光亮持久，因白中带黄，称为白玉骨扇。用这样的扇骨制作的旅游工艺扇深受中外游客喜爱。为了进一步适应不同层次的顾客特别是扇子鉴赏和收藏家的需要，刘正文他们还在保留7寸、8寸、9寸、10寸单把常规品种的基础上，发展了八景套扇，扇面绘的是巴陵胜状、洞庭风光，画作大都出自岳阳本地知名书画家之手。由于二十世纪八十年代初岳阳市成立的工艺美术研究所曾经借用岳阳制扇厂场地办公，以徐克勤（后为湖南省博物馆展出部主任、研究员）为所长的一批书画家都积极参与岳州扇扇面画手绘。葛觉民、殷本崇、萧月光、郭光山、郑庆柳、柳作超、陈军等一批岳阳本地的知名画家也泼墨岳州扇，使岳阳制扇厂成为湖南工艺美术界的一朵奇葩。

【南井风云】

　　岳阳制扇厂位于青年路西端的上太子庙，由于岳州扇业发展迅猛，仅1980年一次就招工80多人，而厂区面积仅8亩多。为了扩大生产，制扇厂与相邻的南井村协商，扩增了土地，同时支持该村为剩余劳动力找出路，开辟岳阳制扇厂南井附属分厂，专门为制扇厂生产加工毛胎。为了让菜农学会制扇技术，厂部专门指派刘正文等技术熟练的骨干驻南井分厂负责技术指导。

　　从劈篾开始，刘正文手把手地教，使生手变熟手，很快成为岳州扇的补充力量。为了节省开支，刘正文除了负责附属分厂的教学和技术指导以外，还负责行管和机械维修。随着技术进步，一部分制作扇胎的手工操作如劈篾、拉光、扇骨钻眼等被电钻、钻花、抛光机、打磨机等机械替代，以减轻劳动强度，提高工效。然百密一疏，1983年7月的一天，刘正文正在维修排风机时，一位学徒在不知情的情况下扳了电闸开关。"轰"的一声，刘正文只觉一阵剧痛，左手除大拇指外，4个手指骨头被打断。当时，一位姓甘的学徒迅即掏出一块干净的手帕包住4个手指，由厂长曾长英指挥，一路小跑到人民医院。躺在手术台上，头脑仍然清醒的刘正文听到医生说要动手术切掉4个手指，立即想到今后做扇不能没有手指，于是拒绝手术。改由骨科医生做了接骨手术，有幸保住了4个指头。

　　俗话说，能者多劳。在制扇厂南井分厂，刘正文只拿了一份工资却干了好几个人的活。附属分厂初创时只能做毛胎，劳效低，为了提高经济效益，由毛胎到熟胎，刘正文自己动手制作了一整套成品工具，如裱面模具、抓带模板等等，由毛胎到熟胎，再到成品，三年上了三个台阶。

二十世纪九十年代的南井分厂一角

　　由于刘正文贴心为南井村的菜农服务，南井村人也把刘正文当作了自己的人。刘正文一家从毛田迁来城里后一直寄人篱下，在村里的支持下，刘正文一家在南井村附近的磨子山拥有了自己宽敞的住房和工作间，也为他多年后创办巴陵扇社，延续岳州扇的生命夯实了基础。

扇骨抛光

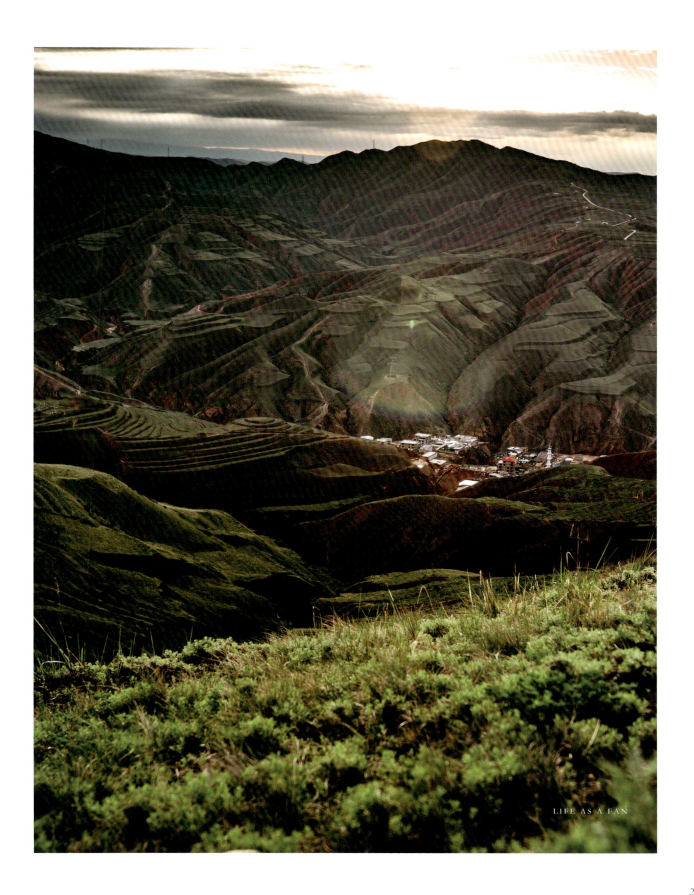

LIFE AS A FAN

　　二十世纪九十年代以来，因众所周知的市场变化，传统制扇行业滑入低谷，市场萎缩，产品滞销。到1998年，随着市属国有、集体企业的全面改制，经营了50多年的岳州扇制扇厂退出了历史舞台，时任厂长王国兴神色黯然而又语气凝重地握着刘正文的手说："岳州扇往后何去何从？就看你们这些老艺人了。"

　　王国兴，这位奋发有为、原有一番振兴岳州扇抱负的扇厂掌门人，猝不及防于时代变局，他对刘正文的嘱托，寄托了他最后的一线希望。

　　早在岳阳制扇厂由高峰跌于低谷时，刘正文所在的附属分厂也就因此解散。刘正文不忍岳州扇就此烟消云散，他带领自己的家人和部分员工继续制扇，因岳州扇又称巴陵扇，因此他给自己的扇厂取了一个名字叫"岳阳巴陵扇社"，旨在继续扛起岳州扇的旗帜。

三尺大扇制作——镶头道

面对制扇行业已走下坡路的颓势，起初的几年刘正文纵有三头六臂也无回天之力。头一年账上亏损 8 万元，第二年亏损 15 万元……夫妻俩自己苦一点累一点不打紧，但员工要开工资，子女要读书。在一筹莫展的困境中，刘正文抚着扇面上一根根扇骨思来想去，逐渐悟出一个道理：随着电扇、空调等现代日常生活电器的普及，扇子已失去它原有扇风取凉的实用价值，但它的工艺价值、艺术价值和收藏价值依然存在。扇子承载着中国优秀传统文化，有着其他文化产品不可替代的作用。刘正文想到扇子悠久的历史文化，特别是想到丰子恺先生在《扇子的艺术》一文中为书画扇作的定义，"扇子在中国是特别发达的一种书画形式"，这使刘正文对书画扇有了一个更清晰的认识。扇面题诗作画盛于明清，明吴门画派唐伯虎、沈周、文徵明、仇英四大家，清代的任伯年、郑板桥等书画家的扇面书画均为珍品。近现代书画大家吴昌硕、齐白石等都在扇面留有不朽名作。扇画还被运用于园林建筑，如江南园林不乏扇亭、扇形洞窗、扇形浮雕、扇形瓦当、扇形图案等。扇还与"善"谐音，与清风相联，在厅堂悬挂把大扇还有警人清风长驻、为人行事以善为本，不可以违时违心之喻。因此刘正文决定改变过去以主要精力生产"大路货"的做法，把重点摆在书画艺术扇的设计制作上，坚持扇骨与扇面绘画并重，在传承的基础上加以创新，在"精、细、古、雅"上下功夫，推出了一批既精致又大气的书画艺术挂扇，使他的岳阳巴陵扇社一步步走出困境。

破产改制后即将拆除的岳阳制扇厂办公楼和车间旧貌

【珠联璧合】

（二十世纪九十年代）岳阳巴陵扇社原生态制作12寸斑竹扇
《山花烂漫》 宋龙飞 绘

　　书画扇离不开书画，但在扇子上作书绘画首先要与扇形相对应。要针对扇面"同心圆弧"的形状特点构思，画家心目中的地平线也要处理成圆弧形，周围的景物要画成弧度。但也可采用取景框的构图，扇面上的地平线是平的，透视点也是平的，不考虑扇子的弧度，像照着框子截取下来的画面，只是题款必须顺着弧度倾斜，以照应扇面。因此扇面书画与卷轴书画相比，各有千秋，然而要画好一幅扇面画难度相对大一些。能在纸上画大画的画家未必画得了小幅扇画，书画收藏界流行一种说法：一手卷、二册页、三中堂、四条屏、五楹联、六扇画。扇画为珍，因此收藏界素有"扇面一尺算两尺"之说。同一位画家，画在扇面上如以尺论价就要多算一倍。

　　古往今来，不少书画大师都留下了他们的扇画作品，如吴湖帆、吴昌硕、任伯年、张大千、齐白石、谢稚柳、溥心畬、王雪涛、李苦禅、陆俨少、陈半丁、于非闇、徐悲鸿等。2003年在北京，清代王鉴的《云壑松荫图》扇面以77万元拍卖成交。2004年在上海，六把元代人物团扇以2420万元拍卖成交。2006年，齐白石的两幅扇画分别以46.2万元和44万元成交。2010年，吴昌硕的《红梅》书法成扇成交67万元，傅抱石的《前赤壁赋》成扇高达100万元。

　　书画扇收藏界一路飙升，然而二十世纪九十年代中期以来，国内稍有名气的书画家却不再重视书画扇的创作，这给书画扇的发展带来诸多不利因素，但也带来潜在的收藏价值和升值空间。为此，刘正文凭着自己敏锐的观察力捕捉书画扇市场的"潜力股"，为他的岳州巴陵扇社"挥毫泼墨"。

宋龙飞,当时二十来岁。他从师于二十世纪四十年代从中国美术学院(原杭州国立艺专)毕业的老画家葛觉民学习中国画,得其真传,中国山水花鸟画和人物画技法娴熟,且书画兼擅,相得益彰。但当时名不见经传的青年画家宋龙飞在美术界尚处在蓄势待发的阶段,但刘正文认定他是一位发展前景十分看好的实力派艺术家,于是诚恳邀请宋龙飞为岳州巴陵扇社创作书画扇作品。1997年仲夏,宋龙飞创作了一幅《岳阳楼风景》,由刘正文装裱在一把2米扇骨上,这扇骨也很有来头,叫"岳州豹花扇"。

中国扇子业界有五大折扇,分别是杭州黑纸扇、苏州檀香扇、岳州豹花扇、金陵剪纸扇和荣昌夏布扇。岳州豹花扇扇面技法以中国画为基础,以著名的"毛坝漆"为扇骨涂料,用炉火烤制出斑点,形成的花纹隐隐约约,宛如豹花,因此称为豹花扇,又称"国漆斑花"折扇。这种技艺濒临失传,刘正文通过挖掘整理,恢复了这种技艺。用豹花扇骨衬裱《岳阳楼风景》扇画时,刘正文又采取了中国画中堂画的装裱方法,画芯周围以锦绫装饰,显得更加雍容大方,古朴典雅。

（二十世纪九十年代）巴陵扇社制作的原生态 10 寸斑竹扇
《山水图》 曾庆勋 绘

（二十世纪九十年代）岳阳巴陵扇社制作的斑竹斑花三尺画芯扇
《黄鹤楼》 戴剑 绘

（二十世纪九十年代）巴陵扇社制作的原生态 10 寸斑竹扇
《山花烂漫》 宋龙飞 绘

珠连璧合

2019 年 11 月，由岳阳三位文化界著名人士联袂举行的 "三嘴策岳阳" 岳州扇文化讲座上，国家一级作家梅实代表岳阳市民对刘正文致力传承岳州扇文化的精神给予了高度评价

　　这把《岳阳楼风景》书画扇后来在国家和省级工艺美术及旅游产品博览会上屡获金、银奖。嗣后，宋龙飞为巴陵扇社创作了一系列以洞庭风光、巴陵胜状为内容的书画扇面。2011 年在醴陵从事釉下彩瓷艺创作的宋龙飞以美术创作和陶瓷工美盛誉被湖南省人民政府授予第四届工艺美术大师称号。而刘正文也于同一年同一届获评省工艺美术大师称号。刘正文是直至 2018 年以来岳阳工艺美术界唯一的省级工艺美术大师。宋龙飞则是从岳阳走出去后评上的省工艺美术大师，且待评国家级工艺美术大师。人们说这是岳州巴陵扇社《岳阳楼风景》画芯扇上闪烁的两颗"双星座"。

　　无独有偶，二十世纪九十年代应邀为巴陵扇社山水画扇创作的还有一位也是当时籍籍无名的青年画家，叫戴剑。他为巴陵扇创作的三尺《黄鹤楼》等画芯扇面也成为刘正文引以为傲的画扇。如今戴剑早已是"一画难求"的中国美术家协会会员、岳阳市美术馆馆长。因刘正文的家和戴剑的原住所都在岳阳老火车站附近的"磨子山"。因此，岳阳市原文化局长、国家一级作家梅实在一次专门为岳州扇传人、工艺美术大师刘正文举办的"三嘴策岳阳"活动中，戏称："磨子山磨出了两个大师。"

　　北京，历史悠久的文化古都，这里有一条始于元、兴于明、盛于清和民国，并延绵至今的文化古街——琉璃厂。琉璃厂以文房四宝、书画古玩收藏售卖闻名于世。中国传统文化氛围浓郁的书画艺术扇也是琉璃厂书画古玩店的经营项目，特别是能进入大名鼎鼎的荣宝斋销售岳州扇，既能展示江南三大名扇岳州扇的文化魅力，又能提升岳州扇文化产品的品位和档次。

　　1998年，刘正文首次背着不同规格和花色品种的书画扇来到北京，准备前往琉璃厂荣宝斋试探行情。首次来京，十分高兴，刘正文特地从天安门的长安大街步行前往琉璃厂，想不到途中出现了一段令人啼笑皆非的小插曲。

　　那天，刘正文把长短不一的巴陵岳州扇装在布制的包袱里，然后挎在肩上，匆匆地行走在长安街上，离天安门不远处，突然身边走来了两位身着便衣的治安人员。刘正文来不及解释便被带到附近的派出所。原来"长枪短炮"式的包袱被怀疑藏有可疑物品。当面打开包袱检查后，发现只是一摞纸扇，一场误会顿时得到化解。

　　虽然有惊无险，但初次进京的刘正文心里多少有些不快。好在来到琉璃厂"荣宝斋"，刘正文的心情随之雾散云开。原来走进"荣宝斋"后，负责接待他的老行家曲老先生刚见面就发现刘正文的十指有些异样，于是扳起刘正文的双手端详了一下，见十个指头都是朝外弯曲，尤其是大拇指和食指长着厚厚的老茧，没有几十年的磨砺，十个手指绝对不会弯成那样的弧度，也长不出这样的老茧。

北京荣宝斋

北京琉璃厂古文化街

　　曲老先生高兴地说："从这双手看，你是一位真正做扇子的人。"曲老先生一席话使刘正文忐忑不安的心松弛开来。他笑着点了点头，对曲老先生说，他是从14岁开始学做扇子，在这行摸爬几十年呢。"难怪这扇骨做工这样精细，"曲老先生一边说一边看，打开了又合拢，合拢了又打开，然后评价说，"扇骨光滑细润，开合折叠柔软，粘裱也很妥帖匀称，扇面书画也很美，不错，不错。"老行家连连点头，把扇子放进柜台，承允与刘正文进行营销方面的合作。

　　随后，岳州巴陵扇社的书画扇陆续进入了故宫、长城、颐和园、天坛、居庸关和王府井旅游工艺品商店以及天津的书画古玩一条街。特别是故宫博物院内的旅游工艺品销售部门，刘正文的巴陵扇试销后得到广大游客欢迎，经理马上通知刘正文来京洽谈，设计了以世祖、圣祖、世宗、高宗、仁宗、宣宗、文宗、穆宗、德宗和溥仪清代十帝为画面的折扇，每年销售100万把以上，使江南三大名扇岳州扇成为岳阳历史文化名城的一张名片，与千古雄文《岳阳楼记》交相辉映，名扬五洲四海。

"斑竹一枝千滴泪，红霞万朵百重衣"，伟人毛泽东的一首《七律·答友人》把湖湘斑竹传遍五湖四海。利用斑竹制作折扇虽然由来已久，真正的斑竹很少，大都是仿斑竹，既使为真斑竹扇，也只是两边两片大骨采用斑竹，中间的小骨是普通竹。真正做一把大骨小骨为清一色的天然生成的原生态斑竹扇、而且做工细腻到极致的，恐怕当今扇界非刘正文莫属！

斑竹，又称湘妃竹。相传四千多年前舜帝南巡，他的妃子娥皇与女英从之不及，后赶至洞庭湖中的君山岛。在这里，娥皇女英听到舜帝崩于九嶷山的噩耗，两人顿时悲伤恸哭，泪流在扶着的竹子上，便变成了斑竹。古人有诗："舜帝南巡去不还，二妃幽怨水云间。当时珠泪知多少？直到而今竹尚斑。"

斑竹生于君山，是岳阳的地方特产。斑竹也生于九嶷山，是湖湘的地方特产，用斑竹制作岳州扇，更能体现湖湘特色。刘正文运用自己娴熟的扇骨制作技巧，设计了全斑竹的书画套扇和单把扇，最大的全斑竹扇12寸，最小的全斑竹扇仅3寸，小巧玲珑，盈盈在握，世所罕见。

刘正文制作斑竹扇的工艺流程比一般竹扇的程序更为复杂，也更为精细。首先是贮存，砍下来的斑竹要先蒸煮3小时，然后放在干燥的楼上存放一年之久。一次，一位客人拿着一根刚砍伐的斑竹请刘正文制作斑竹扇，因这位客人急于做成斑竹扇送人，出高价要求刘正文一个月做成。刘正文淡淡一笑说，出再多的加工费也不行，起码也得一年之后，弄得客人十分尴尬。

斑竹完成规定的存放时间后再进行开筒、劈片，运刀时要格外细心，不能损坏原生态斑纹，劈开后作扇骨合适方可进入下道工序。斑竹较细，直径较小，可视粗细定为大骨和小骨的原料。斑竹近根部宜选作大骨正材。大小骨要保持厚薄均匀。

"工欲善其事，必先利其器"。天然生成的斑竹又细又硬，而斑竹扇的制作不能用一丁点机械，完全要靠手工，为此，刘正文特意制作了一套让斑竹服软的工具——锉刀、滚刨刀等一应俱全。特别是他的牛头滚刨刀简直成了一件用于斑竹扇骨造型、打磨的"神器"。牛头滚刨刀两边像是牛角，用时双手把握，刀口正面是曲面，而背面却是平面，磨刀时用力要均匀，要绝对的平，而且要保持足够的锋利。操作时两手握着牛角把，大拇指压在刀面上在扇骨上轻盈来回，竹屑纷飞，扇骨却像一碗水一样平。还有镶边骨、取边、钻眼等制作斑竹扇骨的工序，统统都是刘正文自己设计的工具。因此既是对付硬度比木材强数十倍的斑竹"头青"，以滚刨刀剔琢，也游刃有如，确保原生态斑纹不损不裂。

　　斑竹扇骨的抛光与打磨也是刘正文的绝招，既有传统的中草药配制秘方，也有刘正文自己摸索总结的经验。使抛光、水磨后的斑竹扇骨具有独特的效果，斑竹本身丝纹缕缕，彩影斑斓，花斑点点，一经水磨，更为斑斓可爱，晶莹悦目，堪称扇中珍品。

　　"一尺斑竹四两金"，刘正文的斑竹扇主要以文玩收藏家为消费对象，以提高扇子的文化价值与收藏价值。一把10寸的斑竹文玩扇售价2万元以上，3～10寸斑竹套扇花色品相极高售价就更是天价了。斑竹扇之所以贵重，关键是原生态纯手工制作的全斑竹扇原料稀缺，一些名贵的湘妃竹很难长到3厘米的直径，现在市面上长度、宽度、花色品相一致的很少，有的极品斑竹一根原竹就要1万元。

刘正文制作的原生态全斑竹《潇湘八景》套扇

竹海盘山路

君山斑竹

好马配好鞍，除了精心制作斑竹扇骨以外，刘正文对斑竹扇面的制作也十分用功，先是用4层宣纸一层层细心裱糊，厚薄匀称，画芯用上等锦绫装裱，请名家点缀，以求笔意墨趣，风韵长存。刘正文还特意制作了一批素面斑竹扇，可供买者馈赠亲友，题字作画，韫椟藏珠。

可以说，刘正文的斑竹扇凝聚了中华扇艺的制作精华，他的每一把斑竹扇无疑会成为岳州扇的传世精品！

平沙落雁

烟寺晚钟

渔村夕照

江天暮雪

原生态斑竹《潇湘八景》套扇
（二十世纪九十年代 刘正文 制作 宋龙飞 绘/书）

远浦归帆

洞庭秋月

山市晴岚

潇湘夜雨

原生态斑竹《潇湘八景》套扇
（二十世纪九十年代　刘正文 制作　宋龙飞 绘/书）

60厘米《韶山风景》画芯扇
（刘正文 制作，宋龙飞 绘）

刘正文走出了成功的第一步，他和他的岳阳巴陵扇社以精湛的技术、过硬的质量和良好的信誉打开了市场，重振了江南三大名扇岳州扇的雄风，受到社会各界人士的关注。

那是 2001 年盛夏的一天，位于岳阳楼南侧不远、紧挨岳州文庙的巴陵扇社来了一位身着军装的中年军官，自报家门姓李，是长沙县武装部一名干部。李干部与刘正文握手后便说明来意。原来，2001 年 11 月 4 日是毛泽东主席夫人杨开慧烈士诞辰 100 周年纪念日，毛泽东嫡孙毛新宇在颐和园参观时，从一家传统工艺纪念品商店看到了岳阳巴陵扇社的扇子，认为扇子做工精细，寓意高尚，决定定制一批扇子作为纪念杨开慧烈士诞辰 100 周年的纪念品。毛新宇从扇子上贴的标签上看到厂址是湖南后更觉满意。好在扇子的红色标签上正好印有联系电话，于是委托长沙县相关人员根据电话号码与巴陵扇社联系定制纪念扇事宜。

了解来意后，刘正文心里又是激动又是感激。激动的是能够为杨开慧烈士诞辰 100 周年留下珍贵的纪念；感激的是毛泽东主席的嫡孙毛新宇给予岳州扇的信任。接受订单后，刘正文亲自动手，用最好的扇骨做出了 600 把 55 厘米和 60 厘米的画芯扇，根据毛新宇意见，扇面为素面，留着让书画名人题字作画。因此刘正文特意从安徽泾县购买了上好的红星宣纸，按 4 层双面裱法做了精心糊裱。刘正文还特地为毛新宇定制了一把半径为 60 厘米的画芯扇，画芯是由技艺高超的画家宋龙飞先生绘制的《韶山风景》，扇骨采用岳州扇传统的豹花纹，显得庄重大方而又古朴典雅。

以扇为缘，10 年后的 2011 年 4 月，参加中国首届扇子艺术节的刘正文和儿子刘岳军一道，在中国扇子艺术协会刘副会长的引领下，在北京虹桥市场见到了这位 10 年前订了货，但素未谋面的"特殊顾客"，刘岳军和毛新宇欣然合影。

2008 年，刘正文制作的巴陵扇，被北京奥运会指定为馈赠外国元首的礼品扇。中国书画院著名书法家曾翔先生题写"中国奥委会""中国残奥会"，分别由"中国奥委会"和"中国残奥会"珍藏。

随着奥运会铿锵的脚步，沉寂了多年的岳州扇也再次雄起。

　　2011年4月25日，中国首届扇子艺术节在北京召开，岳阳市巴陵扇社"岳州巴陵扇"第五代传人刘岳军（左）与毛泽东主席嫡孙毛新宇将军（右）合影

　　2008年，北京奥运会期间，中国书画院著名书法家曾翔先生在巴陵扇社制作的（2尺4寸）斑竹斑花扇上题词。此两柄巴陵大挂扇现由国际奥委会珍藏

　　2008年，北京奥运会指定岳阳巴陵扇社制作的"奥运会会徽扇"为赠予外国元首和贵宾的礼品扇

古代历史上最大的竹骨纸折扇为明代由宣宗朱瞻基于宣德二年（1427年）御笔作画的扇子，扇骨长82厘米，扇面纵59.5厘米、横152厘米。

现代特大扇有记载的有如下几件：1982年苏州扇厂制作了纵长2米、横开4米、重10公斤的特大扇；1983年，湖北省参照这柄特大扇制作了一批纵长1.7米、横宽3.3米、画芯为《双凤朝阳》的大型扇，被德、美、日等十多个国家和地区外宾购走，使中国大型扇艺术走向世界；1985年杭州王星记扇厂为赴香港参加扇展制作的巨型屏风扇堪称大扇品中之最了，它重16公斤，纵长2.6米，但这只是屏风扇，不能折合。

要称扇中"巨无霸"的恐怕只有岳阳巴陵扇社刘正文率领弟子们制作的《金陵十二钗》超级折扇了。这柄空前绝后的超级斑竹斑花大扇扇骨高3.3米，纵长5.8米，弧度为180度。除高度外，弧度如此之大也十分鲜见，一般扇子弧度仅120度至140度。整柄扇子重24公斤，展开后至少要有5个人才能竖立起来。

　　这柄超级大扇一举刷新了中外竹制折扇纪录，为此，刘正文付出了不少艰辛，也花费了不少时间。从 2007 年到 2009 年，前前后后花了近三年时间。先是 2007 年用 2 个月时间寻找适合做 3.3 米高特大扇的竹子，然后选料、开料、蒸煮、晾晒，再存放两年。第三年才进入刨青、取薄、拉平、钻眼，镶边，镶头道等等程序，形成骨架。最后裱糊扇面等，又历经 10 个月。

　　为了选材，刘正文率徒弟刘灿新重返当年学习扇艺的岳阳县渭洞（张谷英）山区，先后到了大王洞、板桥洞、新改、豪坑、桂峰、马家洞以及月田的上洞、茨洞等地的楠竹山，还有临湘的文白深山平江献冲竹林寻找适合的毛竹。由于 3.3 米高的扇骨必须要有 5 年生长的毛竹，竹围的尺寸也必须达到 2 尺 8 寸到 3 尺之间，裁取的部分又必须是直竹，可谓"百里挑一"。而这样的大楠竹一般不长在山下，山下容易被人砍伐，长不粗。也不长在山顶，山顶招风，竹子容易吹弯。只有长在半山坡才能长得高长得直长得粗。但半山坡山势陡峭，弄不好摔下去后果严重。有几次，时已年近花甲的刘正文脚底打滑，差点跌下悬崖，幸好被徒弟拼命扯住。由于符合标准的原材料难找，刘正文师徒跑遍了岳阳县和临湘市大小 30 多个山头，只找到了 8 根适合的楠竹，最后他们在平江县的献冲芦洞林场找到一片小水桶般粗的特大楠竹。选好的毛竹必须一根一根扛下山，不能溜滑道，以免损伤竹面。开筒的时候要仔细检查竹的颜色是否一致，竹节是否有异常。因此从整整三卡车毛竹中才挑出做这把 3.3 米大扇的原料。裁出 3.3 米的竹片后必须通过蒸煮才能防止虫蛀和变形，而传统的蒸锅无法放下 3.3 米的竹片，只能重新造锅。刘正文四处打听，终于找到一位姓袁的铸锅师傅，制造了一口长 4 米的锅中"巨无霸"，解决了 3.3 米长竹片的蒸煮难题。

　　存放近两年时间后，开始制作大扇扇骨，这柄大扇共 38 根扇骨，其中镶边的大骨 2 根，中间的小骨 36 根。大骨厚度 12 毫米，小骨厚度 4 毫米。而竹原材料厚度为 30 毫米，分别刨成厚薄 12 毫米，厚薄 4 毫米，要求厚薄一致，难度极大。但刘正文胸有成竹，他采用自制牛头型滚刨刀，在竹料上来回滚动刨削，将竹节多又坚硬的竹料削成一片片只有 4 毫米的薄片，两片边骨 12 毫米。

　　通过刘正文和徒弟刘灿新的紧张制作，终于完成了直径 3.3 米的扇子骨架，接着又是高难度的扇面装裱。主攻扇面装裱的刘岳军在父亲指点下，扇的正面和背面由 23 张 6 尺宣纸托底，画芯正面由 10 米丝绢、背面由锦绫托裱，庞大的弧形扇面上宣纸、丝绢、锦绫都不能有一丝一毫的皱纹，宛如一幅整体的扇面画卷。

　　超级大扇横空出世！2009 年，刘正文携大扇赴张家界参展庆祝中华人民共和国成立六十周年，特大豹纹扇骨展开扇面后，180 度弧度的大扇宛如五彩斑斓的孔雀开屏。2011 年中央电视台第四频道《远方的家》做了专程采访，称其为"天下第一扇"。2014 年赴京参展中国扇子艺术节，3.3 米大扇受到全国扇子文化界专家学者的一致好评。

2018年世界非遗日，湖南省和岳阳市、县文化部门领导在3.3米"超级大扇"前合影

从崎岖的山道一路走来，刘正文在传承岳州扇传统技艺的过程中不畏艰辛，并且勇于创新，以复兴和发展岳州扇文化为己任，取得了一系列骄人的成绩。

2008 年 9 月，岳阳巴陵扇社刘正文制作、画家宋龙飞绘制画芯的 55 厘米斑花斑竹挂扇获"张家界杯第二届湖南工艺美术精品大奖赛"银奖。

2009 年 9 月，岳阳巴陵扇社刘正文率徒弟刘灿新、刘岳军创制的 2 米《大型巴陵斑竹绢扇——百子图》画芯扇获第三届湖南省工艺美术精品大奖赛银奖。

2010 年 9 月岳阳巴陵扇社刘正文制作的工艺扇《岳阳楼图暨〈岳阳楼记〉》获首届中国湘绣文化艺术节银奖，《清明上河图》画芯扇获 2010 首届中国湖南旅游商品博览会银奖。

2010 年 10 月，岳阳巴陵扇社刘正文新作的手工工艺扇《岳阳楼风景暨〈岳阳楼记〉》获首届中国湘绣文化艺术节暨第三届湖南省工艺美术精品博览会、第四届湖南省工艺美术精品大奖赛银奖。

2011 年 9 月，由岳阳巴陵扇社刘正文等制作、岳阳青年画家宋龙飞创作画芯的 2 米大扇《岳阳楼风景》获第二届中国湖南旅游商品博览会优秀旅游纪念品系列金奖。

2012 年 9 月由岳阳巴陵扇社刘正文等制作，宋龙飞绘画的《潇湘八景》

斑竹扇获第二届中国湘绣文化艺术节暨第四届湖南省工艺美术精品博览会暨第五届湖南省工艺美术精品大奖赛银奖。

2015 年 7 月，岳阳巴陵扇社的岳州扇制作技艺荣获"最具发展潜力的传统技术项目"提名奖。

2015 年 11 月，岳州巴陵扇社刘正文制作的《牦牛骨全手工拉花扇》获第三届中国湘绣文化艺术节暨第五届工艺美术精品博览会、第六届湖南省工艺美术精品大奖赛金奖。

2016 年 9 月，岳阳巴陵扇社刘正文制作、著名画家宋龙飞创作的画芯《八仙过海》获第七届湖南工艺美术精品大奖赛金奖。

2017 年和 2018 年，岳阳巴陵扇社刘正文制作的《岳州扇原生态全斑竹扇骨——弹琴长啸》（宋龙飞绘）和《山花烂漫》分别在第十八届中国工艺美术大师暨手工艺品精品博览会上获得"百花杯"中国工艺美术精品奖铜奖。

刘正文以精湛的制扇技艺获得政府和相关部门的认可。2009 年 8 月，省工艺美术协会授予刘正文制扇工艺大师称号。2010 年 10 月，刘正文的巴陵扇社被中国扇艺术展组委会、中国扇子艺术学会授予"中国制扇名家企业"称号。2011 年，刘正文被湖南省人民政府授予湖南省工艺美术大师称号，为湖南制扇行业有史以来唯一获得大师称号的专家，也是岳阳市 2018 年之前工艺美术界各门类中第一个获评省级工艺美术大师的专家。2018 年 10 月，刘正文被省文化厅批准为省级非物质文化遗产岳州扇技艺传承人，成为目前唯一健在的岳州扇正脉传承人。在 2018 年 12 月 7 日召开的中国扇子艺术学会（隶属中国文联）第六届理事会换届选举会上，来自湖南岳阳巴陵扇社的刘正文当选为常务理事，并成为驻会的两名常务理事之一。2020 年 5 月，作者找岳阳制扇厂的"末代厂长"王国兴了解有关刘正文的情况，王国兴深有感触地说："刘正文没有辜负岳州扇前辈们的期望，是他真正传承了岳州扇全套手工制作技艺，而且在扇子款式品种方面有创新，有突破，是当之无愧岳州扇技艺传承人。"93 岁的老厂长龚银书在家里接受作者访问时也抑制不住激动的心情。刘正文的户口是在他和李达英手里从农村迁到城里的，这位"伯乐"为自己挑了一匹"千里马"而高兴，一再嘱托作者写好为岳州扇争了气的刘正文。

刘正文（右）被授予湖南省工艺美术大师

96岁的老厂长龚银书（中）和原财务科长龚池英（右一）对刘正文传承岳州扇的成就感到欣慰

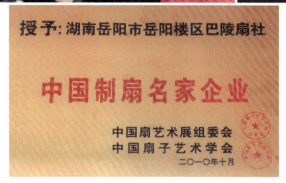

　　2011 年 9 月，由岳阳巴陵扇社刘正文等制作、岳阳青年画家宋龙飞创作画芯的 2 米大扇《岳阳楼风景》获第二届中国湖南旅游商品博览会优秀旅游纪念品系列金奖

2010年9月岳阳巴陵扇社刘正文制作的工艺扇《岳阳楼图暨〈岳阳楼记〉》获首届中国湘绣文化艺术节银奖，《清明上河图》画芯扇获2010首届中国湖南旅游商品博览会银奖

2009年9月，岳阳巴陵扇社刘正文率徒弟刘灿新、刘岳军创制的2米《大型巴陵斑竹绢扇——百子图》画芯扇获第三届湖南省工艺美术精品大奖赛银奖

　　2012 年 9 月，由岳阳巴陵扇社刘正文等人制作原生态斑竹手工工艺套扇《潇湘八景》获第二届中国湘绣文化艺术节暨第四届湖南省工艺美术精品博览会、第五届湖南省工艺美术精品大奖赛银奖

　　2015 年 11 月，岳州巴陵扇社刘正文制作的《牦牛骨全手工拉花扇》获第三届中国湘绣文化艺术节暨第五届工艺美术精品博览会、第六届湖南省工艺美术精品大奖赛金奖

2017 年和 2018 年，岳阳巴陵扇社刘正文制作的《岳州扇全斑竹扇骨——弹琴长啸》（宋龙飞绘）和《山花烂漫》分别在第十八届中国工艺美术大师暨手工艺品精品博览会获得“百花杯”中国工艺美术精品奖铜奖

2008 年 9 月岳阳巴陵扇社制作 55 厘米画芯扇《梅花》，获“张家界杯”第二届湖南省工艺美术精品大奖赛银奖

2016 年 9 月，岳阳巴陵扇社刘正文制作、著名画家宋龙飞创作的画芯扇《八仙过海》获第七届湖南工艺美术精品大奖赛金奖

湖南省工艺美术协会收藏的《岳阳楼记》斑竹绢扇

上海世博会选定岳州巴陵扇为赠送国内外贵宾的礼品扇

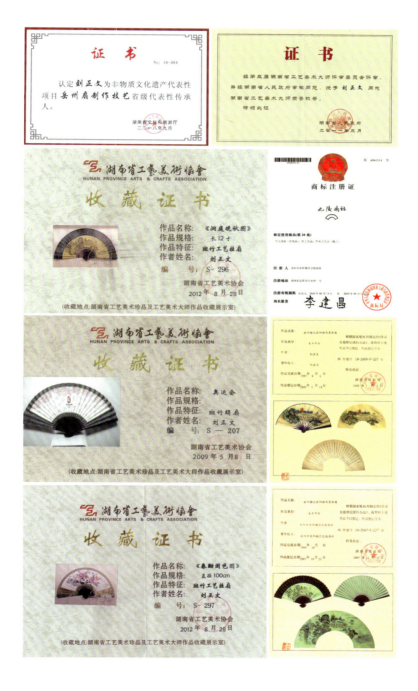

　　刘正文成功了，这位数十年如一日，致力维护江南三大名扇——岳州扇的声誉，传承和发展岳州扇文化的制扇大师以他顽强的毅力和智慧作出了自己的贡献。但是荣誉越多，压力越大。刘正文深深感到，岳州扇是经过几代艺人的努力得以传承下来的。远的不说，从近百年看，在岳州扇生胎制作技艺上就有岳阳县"三田一洞"的兰有名、兰德成、高仲胡、谢秋生，还有他的父亲刘如东等。从岳州扇的熟胎到成扇乃至营销有徐开春、郭炳良、李忠友、刘庆康、常连生、孙钰、徐菊英等一批二十世纪五六十年代就从事岳州扇制艺的老前辈，除他的师傅谢秋生等少数几个人以外，他们大都已离世。而自己从14岁开始学艺也年近古稀。因此刘正文未雨绸缪，很早就着手培养岳州扇制作技艺的接班人。

　　他收的第一个徒弟是自己的妻子李姣玉，由于岳父是"三田一洞"的老篾匠，妻子从小跟竹子打交道，与竹子有天生的渊源。因此与刘正文结婚后，夫唱妇随，从毛胎、熟胎到成品全套工序都很拿手。特别是巴陵扇社初创阶段遇到不少挫折，李姣玉总是默默地支持丈夫树立信心，帮助他从逆境中崛起。

刘正文的儿子刘岳军在非物质文化遗产保护项目——岳州扇走进校园活动中传授技艺

他的第二个徒弟是自己的亲侄子刘灿新。刘灿新的父亲就是当年挑着一担米一步一步送他去渭洞大王洞学习扇艺的五哥。1988年，刘灿新刚满17岁就被刘正文带到扇厂的南井附属厂学做扇骨，从此一直有盐同咸，无盐同淡，叔侄俩同舟共济，从劈竹、削薄、写码、扎尖、煮晒、打磨到完成毛胎的几十道工序，样样精通，成为刘正文的重要助手。1993年刘灿新结婚后，妻子李米红也成了巴陵扇社的一名技术工。前些年，刘正文的五哥来到扇厂，谈起当年挑米送弟学艺的事，兄弟俩不禁热泪盈眶。

　　刘正文的儿子刘岳军 2 岁起就从毛田乡下随父母到了扇厂，从小就在扇窝里长大。但长大后的儿子却"移情别恋"，迷上了打靶，成了一名百发百中的"神枪手"。好心人都劝他上军校，比做扇子有出息，心也就不在扇上了。刘正文知道儿子的思想有波动后，与他作了一次促膝谈心。刘正文诚恳地说："世界上不缺一个神枪手，缺的是踏踏实实传承手艺的师傅，岳州扇凝聚了几代老扇人的心血，不能在我们这代人手里断代啊。"说着，说着，刘正文望着墙上挂的父亲遗像，止不住热泪盈眶。男儿有泪不轻弹，何况是父亲，刘岳军的心震动了，第二天就与父亲一道走进了车间……刘岳军很快以成品为主，掌握了从造型、模板、晒图到成品中最难的关键技术。刘岳军还常常随父亲一道外出闯市场，见世面，开阔眼界。2011 年 4 月 25 日，刘岳军和父亲一道参加中国首届扇子艺术节时，特意拜访了中国扇子艺术学会顾问毛新宇，一个"扇三代"、一个"红三代"在一柄写有"中国首届扇子艺术节"字样的大扇前合影留影。毛新宇握着刘岳军的手，鼓励他把扇子做得更好，为把中国扇子文化发扬光大多作贡献。2018 年，刘岳军荣获仅次于省工艺美术大师的头衔——省工艺美术设计大师称号。刘岳军的妻子刘群芳也在丈夫指点下成为一名熟练的技术骨干。

刘岳军向来宾介绍岳州扇工艺   刘正文的儿媳刘群芳在裱扇面

刘正文的侄子刘灿新在制作扇骨

孙子刘翀向爷爷请教扇艺

刘正文引以为傲的还有他的女儿刘岳春，2000 年被父亲送到湖南理工学院美术系学画，学画期间一有空就为巴陵扇社画扇。后又赴清华美院深造，也是一有时间就与父亲谈论岳州扇书画方面的事，此后定居北京，仍与巴陵扇社保持密切联系，提供扇文化的相关信息。

在巴陵扇社的骨干队伍中还有李慧、曹创新、许岳峰、韦燕飞、陈鹏、谢劲松、杨乐等。

更值得一提的是，刘正文的孙子刘狮、孙女刘询都是一边读书，一边学画画，岳州扇世家的血脉瓜瓞绵绵……

刘正文的妻子李姣玉在做打通钎工序

刘正文的侄子刘灿新在整理扇骨

岳州扇"非遗"进校园

非物质文化遗产保护项目——岳州扇走进校园师生活动剪影

—— 2009年，中央电视台第十频道《希望英语》栏目组到岳阳巴陵扇社采访刘正文大师

【名扇之光】

2020 年，刘正文在岳州扇艺苑耕耘了整整 54 年，收获了许多许多，他的岳阳巴陵扇成为社会热捧的手工艺传统珍品。

2014 年，刘正文接到湖南省美术馆负责人通知，请他代表湖南省"非遗家传"赴上海环球港参展。刘正文送展的是一把 2 米仿斑竹雕花孔雀开屏扇骨，画芯正面是岳阳楼风景图，背面是《岳阳楼记》书法。在上海虹桥机场展出期间，沪、湘主要领导和数十万上海市民一道观赏了岳州扇的风采。展出过程中有位扇子收藏家出价 60 万要买这把画扇，但刘正文认为这把画扇是岳州扇的经典之作，又曾获湖南旅游产品博览会金奖，很有纪念价值，属于非卖品，于是婉言谢绝了买主。

刘正文五十多年如一日，全身心投入江南三大名扇岳州扇工艺传承的执着精神吸引了中央和省、市媒体的关注。一篇篇跟踪报道让人们走进了岳阳庙前街那间琳琅满目的巴陵扇社展室兼工作室。中央电视台第十频道《希望英语》栏目，第一、四频道《远方的家》栏目组，台湾旺旺中时传媒集团等媒体分别以《岳州巴陵扇艺》做了专题拍摄。2015 年 11 月 22 日，香港《大公报》整版推出《第五届湖南艺术节湖湘工艺美术创意成果展》，对刘正文作了图文并茂的报道。省内外一些传统媒体和网络媒体更是以各自的优势报道了刘正文和他的岳阳巴陵扇，标题分外吸引读者的眼球。《小巷深处的制扇大师》《轻摇巴陵扇 风韵动五洲》《制扇大师刘正文扇起收藏新宠》《巴陵扇王绝艺享誉海内外》《岳阳，三百年历史的岳州扇，一把拍出 60 万元》《世界最大岳州扇，各路学者唇枪舌剑论短长》《刘正文以愚公精神传承岳州扇》《"八仙过海"显神通，"巴陵扇王"获金奖》等新闻此起彼伏。

2018 年 12 月初，岳阳市相关单位和书画诗联团体在风景如画、古朴典雅的岳阳楼景区举行了一场大型岳阳市首届非物质文化遗产岳州扇藏品精品展，不少文化界知名人士现场或挥毫泼墨，或吟诗作句，为刘正文的岳州扇文化传承擂鼓助威，"开合有度原生态，水墨无形复古风""画扇传忧乐，狼毫写古今""楼台写意岳州扇，大笔生风翰墨情""旧时岳州扇、今舞洞庭风"等一幅幅楹联表达了社会各界对复兴岳州扇文化产业的殷切期望和淳淳嘱托。

由省市县文化、教育部门推动的非遗文化进校园活动使岳州扇技艺传承人刘正文显得更加忙碌了。在完成制扇工作的同时，刘正文还经常应邀到校园讲授岳州扇文化和制作技艺。省内外一些高等院校的大学生开展社会实践活动，也把求知的目光投入刘正文和他的岳州扇制作技艺。2019 年 7 月 16 日，长沙理工大学经管学院来到岳阳巴陵扇社与刘正文进行了深度交流，回校后以《扇舞丹青，源远流长——探访岳州扇传承人刘正文先生》为题在校报上进行了报道，文中最后写道：此行的目的在于进一步传承与发展岳州扇，延续岳阳历史文脉，坚定岳阳文化自信，让每个人都成为非遗的保护者和发扬者。此前的中国大学生网刊登了华中农业大学公共管理学院赴岳阳市实践队于 2018 年 7 月 30 日专访岳州扇的一篇文章，文中称"刘正文先生从事岳州扇制作 50 余年，可以说是当今岳州扇的活化石"，文中还写道："我们知道岳州扇的现状不容乐观，当今越来越多的传统文化没落乃至消失，它们是老祖宗智慧的结晶，是文化的载体，无论科技发展有多么迅速，它们都不应该被忘记……"

岳州扇非遗传承人刘正文大师用他 50 多年的心血在洞庭湖畔、岳阳楼下筑起一道保护岳州扇非物质文化遗产的屏障，也在当代青年的心田播下了一颗颗保护、传承和发扬岳州扇的种子。

2011 年，中央电视台第四频道《远方的家》栏目组到岳阳巴陵扇社采访刘正文大师。

2011 年，中央电视台第四频道《远方的家》栏目组与刘正文大师在《金陵十二钗》巨扇前留影。

台湾旺旺中时传媒集团制
作的专题片《岳州巴陵扇艺》
制扇工艺镜头选粹

　　刘正文对岳州扇制作工艺的传承与创新得到相关部门的保护。2010 年 8 月 20 日，国家知识产权局为刘正文的斑竹"折扇骨架"颁发了外观设计证书。2010 年 6 月 14 日国家工商总局以第 6309562 号商标注册证核定了巴陵扇社的"斑竹斑花扇"。2007 年 12 月 13 日湖南省版权局将巴陵扇社制作的《岳阳楼记岳阳楼风景画扇》予以版权登记。2009 年 7 月 2 日，刘正文的又一件岳阳楼风景画扇被省版权局予以登记。

名扇之光

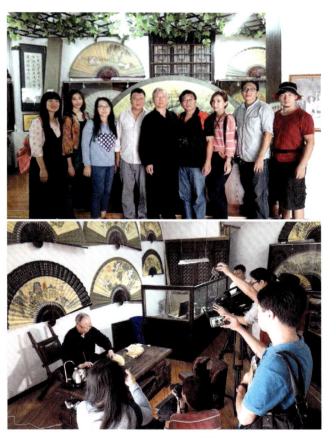

　　2016年10月21日，台湾旺旺中时传媒集团总经理李振华（右四）一行专访岳州巴陵扇第四代传承人制扇大师刘正文（中）。

岳阳 2 米长巴陵扇惊艳上海
观众出价 60 万欲购

　　岳阳网讯（赵 芸）在刚刚结束的"湖湘家传"2014 沪洽周湖南非物质文化遗产精品展示展销会上，由岳阳制扇大师刘正文亲手制作的 2 米长巴陵扇一在上海虹桥机场亮相，就吸引了人们的目光。短短 6 天时间内，有 15 万观众前去观看，现场有人出价 60 万求收藏。

　　刘正文告诉记者，这次送过去的岳阳楼风景区巴陵扇，长度有 2 米高，工艺复杂，为真丝折扇，是市场上不可多得的珍品，这次有人现场出价 60 万求购，不过他拒绝了。"这把扇子曾经在湖南省旅游商品博览会上获得过金奖，很有纪念价值，我暂时不考虑售卖。"

"巴陵扇王" 　轻摇巴陵扇
　　风韵动五洲

　　据星辰在线－长沙晚报 4 月 16 日报道 "洞庭天下水，岳阳天下楼；轻摇巴陵扇，风韵动五洲。"这是人们对湖南省工艺制扇大师刘正文先生制作的巴陵书画扇的生动描叙。巴陵书画扇是岳阳市地方名优特产之一。刘正文既秉承了家传绝艺，又博采众长，技术精良，工艺高超，被同行称誉为"巴陵扇王"。在去年的北京奥运会和北京残奥会上，巴陵书画扇被定为赠予贵宾和外国元首的礼品。

湖南省"最具发展潜力的传统技艺项目"揭晓岳州扇上榜

岳阳新闻网讯（岳阳广电全媒体记者 宁平）7 月 15 日，记者获悉，备受关注的湖南省"工艺美术大师"暨传统手工技艺项目系列宣传表彰活动揭晓，有 14 个项目获"最具发展潜力的传统技艺项目"殊荣。岳阳巴陵扇社刘正文工艺大师报送的"岳州扇制作技艺"榜上有名。是全省制扇行业唯一获此殊荣的单位。

今年 63 岁的刘正文，是岳阳市巴陵扇社的创办人，从 14 岁起就跟着师傅刻苦钻研制扇工艺，是目前国内唯一全面掌握巴陵扇 80 道复杂制作工艺程序的工艺大师。他研制的巴陵扇从原料加工到成扇 80 多套工序全用手工完成。2010 年，刘文正利用岳阳独有的君山斑竹研制开发出斑竹系列高档套扇，形成全国独一无二的岳阳特色的"巴陵扇"系列种类，其中有《潇湘八景》套扇，毛泽东诗词《斑竹一枝千滴泪、红霞万朵百重衣》套扇，《岳阳楼风景》，山水、花、鸟、虫等各类斑竹扇，其外观设计获得国家两项专利，他制作的巴陵扇先后 6 次获全国、省级各类奖项，是目前岳阳市唯一获"湖南省工艺美术大师"称号的工艺大师。

本次活动由湖南省文化厅、湖南日报报业集团指导，湖南省工艺美术馆、三湘都市报、华声在线、香港大公报湖南分社、湖南省对外经济文化促进会共同举办。全省共有 97 位工艺美术大师参与，提交 150 余件工艺美术作品，涵盖 46 个传统技艺项目。历经申报公示、公众推选、专家评审、专题展览等环节，最终评选出了湖南省最具影响力的工艺美术大师、最具发展潜力的传统技艺项目和最具推广价值的工艺美术品。

活动的成功举办，是对全省丰厚非遗资源的一次有力推介，促进了全省工艺美术的发展，提升全省的文化软实力和影响力。

全国最大、最小的巴陵扇
将亮相岳阳首届工艺美展

红网岳阳站 10 月 5 日讯（分站记者　宁平）10 月 5 日，记者从岳阳市工艺美术协会获悉，为期三天的岳阳市首届工艺美术展定于 10 月 10 日开幕，来自全市的 14 家单位正紧锣密鼓地筹备，其中岳阳市巴陵扇社将推出全国最大的、最小的巴陵扇亮相，为展览添色加彩。

记者在岳阳市庙前街古玩市场巴陵扇社看到，刘正文大师工作室墙上挂着琳琅满目高档斑竹系列扇，有《潇湘八景》套扇，伟人毛泽东题词《斑竹一枝千滴泪、红霞万朵百重衣》套扇，岳阳楼风景画，山水、花、鸟、虫全斑竹扇；还有用黄花梨、乌木、鸡翅木、檀香木等制作的富有地方特色和民族特色的高档收藏扇。其中吸人眼球的是《平沙落雁》斑竹收藏扇，高只有 9 厘米，是全国最小的巴陵扇。而雕花扇骨画芯《金陵十二钗》高 3 米，长 5.8 米，是目前全国最大的巴陵扇，去年中央电视台《远方的家》专门采访报道这把"巴陵扇王"独特的制作工艺。

刘正文大师告诉记者，今年 6 月在 2014 沪洽周湖南非物质文化遗产精品展示展销会，他制作的 2 米《岳阳楼景》巴陵扇亮相上海虹桥机场，展示 6 天时间，几十万人参观，后上海收藏家出价 60 万元，他爱不释手，不愿出售。

今年 63 岁的刘正文是岳阳市巴陵扇社的创办人，湖南省工艺美术大师。从 14 岁起就跟着师傅刻苦钻研制扇工艺，是目前国内唯一全面掌握巴陵扇 80 道复杂制作工艺程序的工艺大师。他研制的巴陵扇从原料加工到成扇 80 多套工序全用手工完成。巴陵扇的扇面是用安徽宣纸、湖州古香棉和真丝绢做成画芯挂扇。

在 2008 年奥运会和残奥会上，他制作的巴陵扇被中国奥委会定为赠予贵宾和国家元首的礼品，其中两柄由中国著名书法家曾翔先生书写的"中国奥委会"、"中国残奥委员会"的大挂扇，已由国际奥委会作为艺术珍品永久珍藏。

2009 年至今，刘正文制作的巴陵扇先后 6 次荣获湖南旅游商品博览会、湖南省美协展览金奖、精品奖，巴陵扇社被中国扇艺术展组委会、中国扇子艺术学会授予"中国制扇名家企业"。

刘正文通过近 50 年努力，使成千上万的巴陵扇走出岳阳，让岳阳这种有着 300 多年历史的文化艺术工艺得以传承，成为名扬海外的岳阳文化品牌。

名扇之光

萧湘晨报

Morning Herald

今日8版

85571188
85572288
85573388

封视

尽扇尽美

长江信息报　周末视点　【特别报道】

巴陵扇王绝艺享誉海内外

长江信息报　【人物周刊】　CHANGJIANG INFO ZHOUKAN　新闻热线/8222119

广角　GUANGBAO

一心只为扇

大师刘正文扇起收藏新宠

峥眼看巴陵

小巷深处的制扇大师

记巴陵书画扇传承人刘正文

时

名扇之光

《三嘴策岳阳》岳阳文化名人梅实、查宜、
张峥嵘为刘正文先生和他的岳州巴陵扇举行
专场点评

最小的斑竹扇

现场鉴赏

指点扇艺

"策"得有津 听得有味

【艺无止境】

　　艺术无止境，已登上岳州扇制作艺术高峰的刘正文，将这句话深深刻在他的每片扇骨上，成为自己的座右铭。

　　岳州扇制作技艺自明清以来已在洞庭湖畔延绵了300多年，二十世纪七十年代末八十年代初岳阳列为长江中下游首批对外开放城市和中国历史文化名城，岳州扇曾拥有过"轻摇巴陵扇，风韵动五洲"的辉煌。作为一名出身扇艺世家、从事扇艺制作50多年的制扇大师，刘正文曾以此为荣。遗憾的是随着时代的变化，岳州扇和其他传统手工艺产品一样失去了昔日的光彩，有的甚至逐渐消失。庆幸的是近些年国家高度重视非物质文化遗产的传承与保护，一批濒临灭绝的"绝活"得到拯救。一直在岳州扇阵地上坚守的刘正文终于迎来了胜利的曙光。岳州扇龙头企业岳阳制扇厂破产后，岳阳市范围内曾有不少有志之士以自办扇厂的形式延绵岳州扇的血脉，并为之作出了默默的奉献。但由于各种原因，有的举步维艰，有的再次沉寂。在少数继续生存的民营制扇企业中，刘正文的岳阳巴陵扇社属于难得的佼佼者。目睹几经沉浮的制扇市场，刘正文深知，只有坚守传统手工技艺，岳州扇的品牌才能在崇尚传统文化的人们心目中占有一席之地，决不能急功近利，摒弃传统，以机械代替一丝不苟的手工劳动。刘正文是这样想的，也是这样做的。刘正文用于手工制作技艺的工具都是自己设计，找人加工制作的。其中一把牛头滚刨刀削竹如泥，由此刨出的大小扇骨光滑如镜，堪称极品。在装裱扇面的过程中，刘正文也十分讲究传统的手工装裱技艺。早期的岳州扇面一般是印刷好的书画纸，千篇一律，没有艺术价值和收藏价值。刘正文制作的手工书画扇用多层薄宣黏合而成，一般正反粘合四层。扇面贴合完成后，表面还要加矾或云母粉，故其吸水性能与熟宣相近。有的还加银粉，使扇面泛银光，增加扇面的雅致。制作书画大扇时，刘正文更是技高一筹。先用六尺宣纸托裱绢面画芯作品，画芯四周采用古香锦，背面锦绫托裱，画面完成后，开始装裱整张扇面。由刘正文自制的裱面模板长度6.5米，宽度2.8米。先铺画芯配好四周古香绫刷糨糊，铺上八尺宣纸糊贴并预留空条，再覆盖托好的绫，上墙晾干六天后，下墙拆裥，切头，沿边，再将扇面与扇骨组合成成扇。

刘正文看望年近八旬的师傅谢秋生

艺无止境

刘正文最拿手的还是他的全斑竹扇，过去大多数斑竹扇只是两边的大骨是斑竹，中间的制作工艺一直达不到理想的水平，只能用胶水黏合。刘正文为了保证全斑竹扇的工艺价值，他和儿子刘岳军一道反复试制，终于完成了不用一滴胶水，采用纯手工原生态制作从边骨到中间所有小骨全都是斑竹的制扇技艺，形成全国独一无二的工艺特色，让收藏者享受到"一两斑竹四两金"的感觉。

凭着50多年的摸索，刘正文成为扇子行业的"全能妙手"，从选材、劈竹、做成普通扇子的72道工序，到高档原生态全斑竹扇的108道精细工序样样都精，连边骨的雕刻造型也是他边干边学逐步摸索出来的。他的3.3米大扇就是他用雕刀刻出孔雀羽毛的形状，他的扇头造型有十多种，有直式方头、花瓶头、和尚头、螳螂腿、如意头、鱼尾、波折式、尖头式、细梢式等，扇头形态都是刘正文一刀一刀刻出来的，雕刻时把握的力度恰到好处，每根扇骨都不能出差错，否则整套扇骨都会毁掉。

踏遍青山人未老，岳州扇苑夕阳红。2020年春末的一天，作者随刘正文来到岳阳县毛田镇和张谷英镇（原渭洞乡），重走了54年前他从毛田出发到渭洞大王洞学习扇艺的崎岖山道。在碧波荡漾的铁山水库，他凝望着早已淹没在百米水底的染坊村方向，眼眶充满滚荡的热泪。在尚未恢复完工的刘氏宗祠，他伫立了许久，思绪仿佛回到遥远的年代。在饶村刘备洞（原名牛背洞）陡沙口古驿道的歇亭，他坐在亭子间的木凳上沉思良久，特意到旁边的古庙吃了一顿斋饭，回味当年和五哥在这里狼吞虎咽的情景。走进当年山道崎岖的大王洞，他见到的已是坦荡如砥的水泥大道，但满山的翠竹依旧，只是山顶黄花垱的村民已移居山下的新村了，当年的东家兰品舟早已去世，他特地看望了当年只有几岁的兰家女儿、女婿。他还到了当年岳阳制扇厂设在渭洞石壁头的扇胎收购站，当年的老站长兰亚兵也早已去世，他特地来到扇胎收购站原址，与年过七旬的站长后人合影。更令人欣慰的是，刘正文来到公田镇长安桥苏家庄，看望了仍然健在的谢秋生师傅，老师傅翻出几把上了年纪的旧扇，与年近七旬的徒弟刘正文共忆当年……

重走山间路，不仅仅是怀旧，而是激励自己在传承和创新的路上继续努力勇攀高峰，为了不辜负岳州扇前辈的期望，为了重振岳州扇昔日的辉煌，刘正文有着永不停歇的脚步……

【重走求师路】

2020 年初夏，年近古稀的制扇大师刘正文重返 54 年前进深山拜师求艺之路，寻访故乡的师傅和乡亲。通过回顾自己的成长历程，进一步增强信心，沿着传承和弘扬岳州扇文化的大道义无反顾的前行……

竹山访旧

重走求师路

常忆祖先创业难

石壁头寻踪

走进大王洞

喜见刨竹花

老宅门下

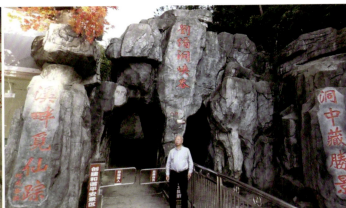

52年前刘正文进山学艺的"牛背洞"陡石口，如今成了养在深闺人不识的"刘备洞"旅游景区，使重走求师路的刘正文感慨万分

当年崎岖山道
今成旅游景区

古庙依旧

大师精艺

边骨钻眼

边骨刨平

镶边骨

上面

打通钎

位于岳阳市庙前街的巴陵扇庄

扇子的起源

中国著名画家吴冠中曾说："扇子送凉，不意成艺。"吴老先生一句话概括了扇子由实用价值到艺术价值的转化过程。

扇子起源于引风纳凉，沈从文在二十世纪五十年代著的《扇子史话》中谈到，扇子的产生、发展，和人类的生活需要密切相关。为招风取凉、拂灰去尘、引火加热、驱赶虫蚁，人类发明了扇子。沈从文认为扇子必然较早出现于天气炎热的南方，从考古资料方面推测，扇子的应用至少不晚于新石器时代陶器出现，如古籍中提到过"舜作五明扇"。目前所见较早的扇子是东周、战国铜器上刻画的两件长柄大扇，以及江陵天星观楚墓出土的木柄羽扇残件。从使用方面看，由奴隶仆从执掌，为主人挡风蔽日，象征权威的成分多于实际应用。

沈从文的《扇子史话》还谈到战国晚期到两汉时期扇子的主流"便面"、魏晋南北朝时期的"麈尾""麈尾扇""羽扇"及"比翼扇"，隋唐时期的"纨扇""团扇"等。其中"羽扇"和"团扇"是折扇应用之前比较流行的扇子。羽扇以禽鸟羽毛制作，古人羽扇为高雅之品，唐代大诗人白居易有《白羽扇》诗：

素是自然色，圆因裁制功。飒如松起籁，飘似鹤翻空。盛夏不销雪，终年无尽风……

由于罗贯中《三国演义》中诸葛亮（字孔明）的"羽扇纶巾"的形象被人们熟知，因此又称"诸葛扇"或"孔明扇"。

"团扇"是圆形的扇子，因其轻巧精美而又寓意美好，向来是文人们吟咏的对象，如汉代班婕妤的"裁为合欢扇，团圆似明月"，唐代诗人杜牧有"轻罗小扇扑流萤"，王昌龄的"奉帚平明秋殿开，且将团扇共徘徊"

"折扇"是一种以竹子（也有其他材质）为扇骨，以纸或绢、绸为扇面，可以折叠起来的扇子。因折扇携带方便，便于收藏保管，又可题诗作画，赠予友人，雅俗共赏，因此成为扇子的主流。折扇始于何时，讫无定论，唐时尚未发现折扇的记载，折扇大约始于北宋后期至南宋前期。有南宋前期北方金朝皇帝章宗完颜璟的一首《蝶恋花》词为证，词的题目就叫"聚骨扇"：

几股湘江龙骨瘦，巧样翻腾，叠作湘波皱。金缕小钿花草逗，翠条更结同心扣。金殿珠帘闲永昼，一握清风，暂喜怀中透。忽听传宣须急奏，轻轻褪入香罗袖。

词的意思是，用湘江岸边所产的名贵竹子（也许是斑竹）制成，它细小玲珑却坚挺柔韧，像是瘦硬的龙骨。扇子式样新巧，开合自如，它那凹凹凸凸的折叠痕迹就像湘江的波浪一般起伏翻腾。扇子的大骨更是精美，用金丝螺钿镶嵌成争奇斗艳的花草，聚头之处简直就是一个同心的结扣儿。宫殿里挂着珠帘，夏日的白昼悠闲而漫长。手里摇着这把心爱的折扇，一股股清风从胸前透过，带来一阵阵喜人的凉爽。忽然内侍启禀，说大臣有要事相奏，于是就把扇子轻轻折起，褪入罗衫袖中，急忙临朝去了。

金章宗贵为一国之君，器物享用不尽，然而对于一把小小的扇子竟至如此观赏把玩，爱不释手，并加以歌咏。可见折扇在当时还是一种稀有罕见的新颖奇巧之物。

折扇的普及当在明朝永乐时期，明成祖朱棣本人喜欢折扇，常把折扇赏给大臣，折扇制作在全国范围内得以普及，以地名人名著称的就有杭扇、曹扇、川扇、歙扇、弋扇、潘扇、方扇、黄扇、青阳扇、溧阳歌扇、丰润画扇、武陵夹纱扇、金陵柳氏扇、尹氏纸麦扇、吴扇等繁多的名目。

清代是折扇大发展的时期，扇子不仅是用以生凉的工具，也不仅是一种艺术品，而且成为一种身份地位的象征，成为他们扮演社会角色的道具。

民国时期用折扇作书画的风气较浓，书画扇渐渐进入收藏界的视野。折扇做工精巧，在工艺水平、艺术水平上达到了一定的高峰。

中华人民共和国成立后，各级轻工部门成为制扇行业的主管部门，随着人民群众生活需要，各地涌现了一批国营、集体制扇企业，给扇子行业带来新的发展契机。到二十世纪八十年代初，国内扇子生产地有江苏省南京、苏州、扬州，浙江省绍兴、杭州，广东省新会，江西省宜丰，四川省自贡、荣昌，河南省博爱，湖南省岳阳、平江、衡阳，湖北省洪湖。由于苏州、杭州和河南博爱、湖北洪湖等地楠竹资源匮乏，这些地方的扇厂的扇骨基本上从岳阳购进。二十世纪九十年代初期，浙江省义乌小商品批发市场每年要从岳阳县、平江县等地购买扇骨两千多万把。

折扇的常见规格与工艺流程

折扇是由扇骨与扇面插接粘合而成的，扇骨的长短宽窄、根数多少与扇面的大小厚薄、折叠层数，是尺寸固定、相互配套的，这就形成了折扇的不同规格。常见的有以下几种：

最常见的是"九五一十六"，即大骨长市尺 9 寸 5 分，大小骨共计 16 股的一种标准规格。一把扇骨，左右外侧的两股叫大骨，中间比大骨窄的叫小骨。

除"九五一十六"常见规格外，折扇还以扇骨的多少而定标准，最少的 9 股，依次为 11 股、12 股、13 股、14 股、16 股、18 股、20 股、22 股、24 股、30 股、40 股等不同的规格。扇股的长度一般为 9 寸 5 分，即九五寸扇股。超过一尺的多为文人扇或艺人舞台上所用之扇。以上为男扇。女扇尺寸较小，旧称七寸或八寸扇，扇面用纸，也用丝绢。

国内折扇的生产工艺流程大同小异。

苏州扇的制作工艺分为四个阶段：

一、生产扇骨毛胚。

二、将毛坯加工，又分刮青、抛光、煮色、油漆、刻花等工序。

三、扇面制作，或手工绘画，或丝印。

四、将扇骨和扇面装配成纸扇。

因一把小小的扇子要经过四个阶段才能制成，因此没有一个师傅仅凭一人能完成全部工序。

享有中国四大名扇之一的重庆荣昌折扇制作工艺集染色、粘合、绘画、雕刻、镶嵌等技艺于一体，分为 16 个工段 145 个操作工序，扇业鼎盛时扇铺达 200 多家，从业人员 2000 余人。现由于市场变化，扇业凋零，已被列入国家级非物质文化保护项目。

岳州扇源流及工艺特色

岳州扇最初的制作与苏扇、杭扇、绍扇差不多，起源于明清之际。据明隆庆《岳州府志》记载："平江扇多，骨面而轻"。清《巴陵县志》有民间男女婚嫁以扇插为礼的记载。纸折扇生产以棕树以扇骨，纹路清晰，漆黑发亮。扇面用皮纸、柿胶裱糊。清顺治年间，民间制扇艺人开始利用山区丰富的楠竹（又称毛竹）资源生产扇骨（又称毛胎），除满足本地制扇需要外，还销往杭州、苏州及邻近的洪湖。由于当时100把扇骨仅重六七斤，却要消耗楠竹五六十斤，毛多肉少，因此制作扇骨的扇匠大都直接到岳阳渭洞、临湘文白、平江板江一带的山区加工毛胎，仅岳阳扇骨加工点就分布在芭蕉泉水（倒溪洞）、陈坪、大水洞、小水洞、上洞、新改、豪坑、龙洞、竹坪、板桥洞、桂峰、马家洞10多处。民国时期岳州扇主要产地有岳阳、平江、临湘三县。民国二十四年，仅临湘一地就有制扇业50家，从业人员230人，年产扇骨10万把。

抗日战争时期，岳阳、洪湖均为日伪占区，扇骨生产停顿。抗战胜利后逐步恢复生产。二十世纪五十年代初，洪湖有扇骨生产小组派人来岳阳县甘田乡枧田村采购扇胎毛料，而枧田村的扇胎全由渭洞山区用人力挑到饶村，再由饶村运到甘田枧田村集中，然后由独轮车运到岳阳，属季节性生产。

二十世纪五十年代初，洪湖制扇世家徐开春移居岳阳竹荫街开扇庄，主要加工全玉骨、油漆骨。制扇和采购人员为其两个妹妹和妹夫。1956年，徐开春携全家加入岳阳城关竹器生产合作社，标志着岳州扇专业厂家的起步。后供销社对渭洞扇骨毛胎进行统一管理，竹器社及洪湖、武汉、南京、上海等地要货单位均不能直接到渭洞采购。竹器社资金有限不便贮存淡季生产的扇骨，便经协调，由供销社生资公司负责从渭洞采购扇胎，除满足岳阳竹器社需求外，还外销上海等地。1957年，生资公司从上海扇庄购来扇面，扩大纸折扇生产，销路很好。

1958年，由生资公司投资，将竹器社制扇人员划出，组建岳阳制扇厂，地址设在天岳山，由袁汝乐任厂长。1960年制扇厂移交工业局，厂长李均成，主要技术人员李忠友，纸扇产品既内销又外销，产销两旺。1963年岳阳制扇厂在太子庙建立新厂，生产7寸、8寸、9寸、10寸4种规格普通纸折扇24.45万把，当年出口9.4万把。1964年，岳阳制扇厂开始利用湖区丰富的羽毛资源，开发掌扇、凉月扇、绒毛扇等10多个羽毛扇系列产品，年产量增至62.15万把。之后，产量逐步增加，出口量逐渐扩大。1975年轻工部举办全国扇子行业评比，岳州扇与杭州扇、苏州扇一道被评为全国三大名扇。1976年，产量达298.11万把。此后至1985年是岳阳制扇厂发展的黄金期，干部职工由100多人一度猛增到300多人。生产品种有纸扇（男扇）、戏剧舞蹈扇、羽毛扇、京月、雁毛桃子、佛手、绢扇（女扇）、骨扇、轻便扇、宫扇、套扇。扇厂接待的外宾来自日本、加拿大、美国、泰国、丹麦、挪威、瑞典、法国、新加坡等40多个国家和地区。生产鼎盛期的1982年年产量达到539.6万把。1985年跃至850万把，出口产值近40万元。

岳阳制扇厂的发展还带动了全市扇业的发展，1980年，平江县在原菜农办的麻袋厂基础上改行生产纸扇，并派出人员赴岳阳制扇厂学习制扇工艺，成立了平江白玉扇厂。白玉扇厂有一子弟在清华大学读书，获悉该校研究对竹制品采用双氧水、焦磷酸钠进行漂白的工艺后既达到了增白又能杀虫的科研成果后，立即买下了专利权，肩骨毛胎质量显著提高，其仿骨白玉扇，骨似象牙，玲珑剔透，年产量猛增到700余万把。特别是该厂从湖南师范大学美术系聘请了两位老师来厂传授书画，带出一批画扇学徒，使该厂书画扇名声大振。1984年获省优，1985年获部优、金杯奖，以及湖南省纸张产品出口创汇先进单位称号。

岳州扇的生产工艺主要为三大工序：

1. 毛胎制作工序为铸筒、劈片、起薄、边骨推青、边骨钻眼、镶边骨、劈小骨、劈篾、小骨推青、拉光、数小骨、小骨钻眼、镶头道、拉尖、刮楞、弹头。

2. 扇骨制作基本工序为写码、扎尖、打伦、打磨（抛光）、烘边、订锆、捻锆等。扇骨加工，又分刮青、抛光、煮色、油漆、刻花。刻花又分为浅雕、微雕（初时看不见刻花，对着光亮方可看见花纹）、皮雕。竹子上的浮青不用刀刮掉，放在火上烘烤，然后趁热将浮青去掉，以保拍竹子本色的光度，然后刻花，刻诗词名句等。

3. 扇面制作的基本工序为开料、裱面、晾干、枳代、切头切齐、打通钎、沿边、上面、黏面、打箍、打捆等。扇面用料开始是丝绢，因价格高，操作难度大，后改用纸张，但又分宣纸、单面胶版纸。单胶纸可用彩印机印刷各种图案，宣纸可进行手工绘画。

1987 年以后，由于市场变化，岳阳制扇厂、平江白玉扇厂生产逐渐萎缩。1997 年以后两家生产岳州扇的骨干厂家中，岳阳制扇厂停产，平江白玉扇厂改制。岳阳城区及平江县、岳阳县仍有一些从事制扇的民营企业和个体从业者，岳州扇的生产进入一个分散发展的阶段。其中刘正文创办的岳阳巴陵扇社坚持按传统手工工艺流程制作岳州扇，并创造性地推出了全斑竹扇和超大、超小型旅游工艺精品扇，以适应中高端市场，企业知名度、信誉度不断增强，刘正文还成为岳阳制扇业第一个能够独自完成全套工序的省级工艺美术大师，并被评为省级非物质文化遗产岳州扇制作技艺第五代传承人，其子刘岳军也于 2016 年被评为省级工艺美术设计大师，岳州扇制作技艺第六代传承人，巴陵扇社成为传承岳州扇手工传统工艺的重要力量。

（有关岳州扇与苏扇、绍扇工艺名称对照表附后）

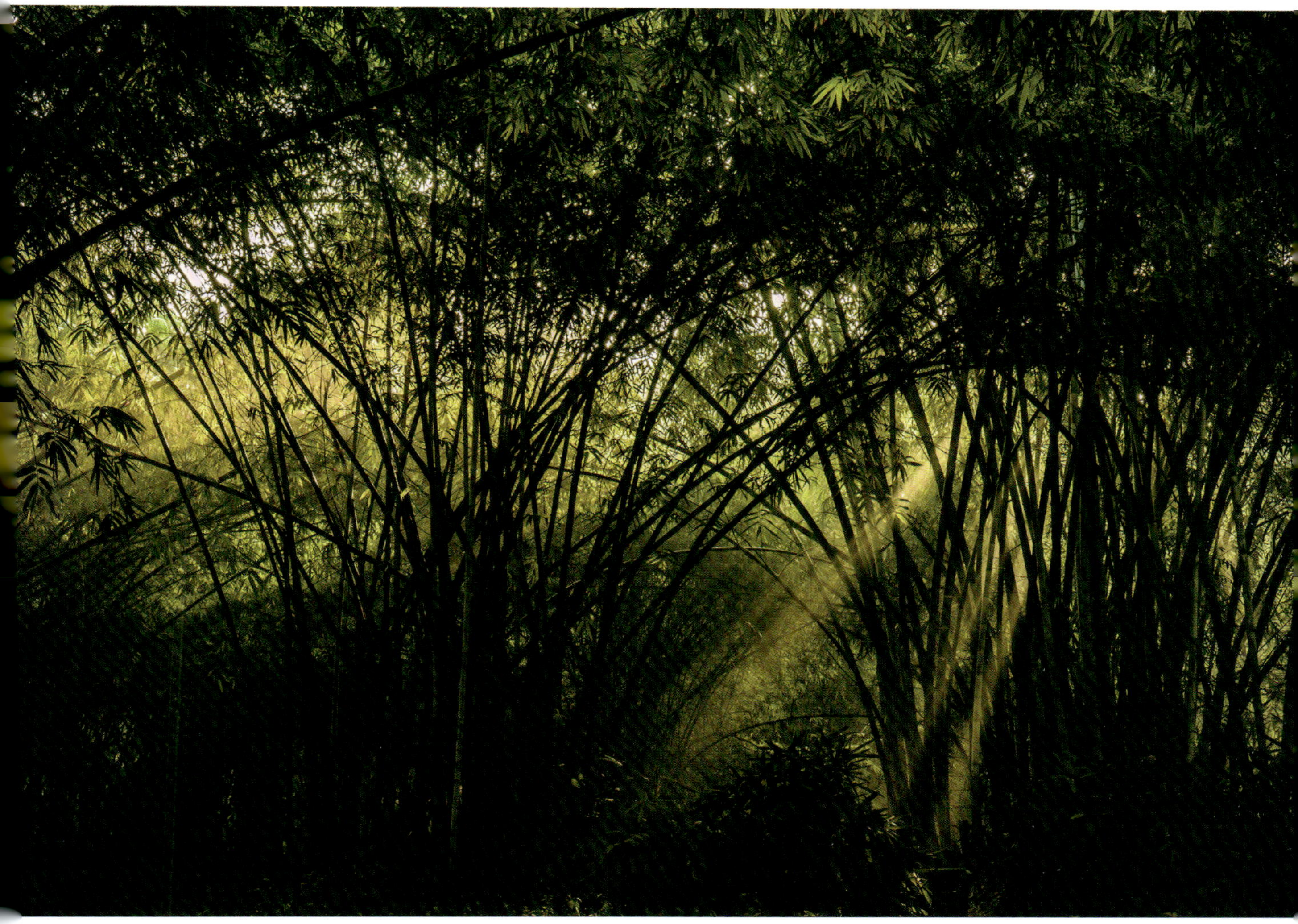

苏州、绍兴、岳阳工艺名称对照表

苏州	绍兴	岳阳
造型装工	毛坯	毛胎
锯码	记码	写码
扎捎	缠捎	扎尖
刮边	刨边	打伦
磨工	磨沙	打磨（抛光）
上轴	灌条	订告
烫钉	钳钉	捻告
扇面		
开料	开料	开料
裱面	裱面	裱面
枳代	枳代	枳代
切头切齐	切头切齐	切头切齐
沿边	沿边	沿边
上面	穿面	上面
粘边	糊面	粘面
姑套		打姑
包扎	包扇	打捆
行头青	早玉	青笺
二青	二玉	黄笺

2020年初夏的一天，一位北京来的客人专程来到岳州文庙庙前街巴陵扇社选购岳州扇，省级工艺美术大师、岳州扇制作技艺传承人刘正文热情接待并逐一介绍了扇社的高档扇。最后，客人看中了一把售价2万元的素面原生态全斑竹扇，说是要由岳阳著名书画家殷本崇先生在扇面上泼墨，好马配好鞍，名扇扇面加名家书画当然是绝配。

午饭后，82岁的殷本崇先生先在几把中档的空白斑花扇面上试笔。试笔过程中，殷老谈到20多年前与扇子收藏相关的小故事。那次殷老在上海一家古玩店见到一把古旧扇子，扇面十分精彩，还镶有金箔一样的金属线条，售价仅100元。当时身上没有带钱，又不像现在有移动支付。等到第二天拿钱再去古玩店，扇子已被人买走。殷老说起来还很遗憾，说要是当时买到手，留到现在起码是百倍以上的价值了。

书画收藏是一种比较热的文化现象，而与书画相关的扇子收藏都一直是冷门。原因是多方面的，主要是扇子收藏的门坎说高不高，说低也不低。但收藏与审美是互相关联的，鉴赏是判断真伪，审美是分别精粗雅俗高下，收藏是在鉴赏的基础上，以个人趣味、市场和投资的角度来决定取舍。因此学会收藏，就先得学会鉴赏。

一、怎样鉴赏扇子

扇子的种类很多，有羽毛扇、绢扇、团扇、葵扇、纨扇、骨扇、檀香扇、象牙扇、纸折扇等。但除纸折扇以外，其他扇要么是以材质取胜的工艺扇，要么是普通的大路货。只有折扇是以书画为主的扇子，藏家也多以折扇为对象，因此本文主要谈谈折扇的鉴赏。

如果给折扇划分品类，可以列出这样一种层次：日用品—工艺品—艺术品—收藏品—珍藏品，由低到高，可分为五个品级。

无论扇子分多少品级，首先是要看做工。一把扇子由扇骨与扇面组成，扇骨又称扇胎，扇子由扇骨脱胎而来，是扇子的主心骨。折扇的扇骨主要是楠竹、斑竹，也有棕竹、佛肚竹等。普通的竹子，虽然并不名贵，但经过工匠们的细心加工，也能做成光滑细润的扇骨。扇骨分为大骨与小骨，大骨即扇子两端的边骨，扇子一般看大骨的光洁度和竹子的质量。过去大骨的打磨是靠手工的，用粗布或细砂纸打磨，一打磨就是几天，那样做出的扇骨，拿在手中，感觉十分润泽光滑。斑竹，即湘妃竹，斑点极美，以斑点的品相，底色为腊黄底堪称珍品。佛肚竹，也叫罗汉竹，节短而密，中间圆凸，取其节长不逾寸者，截作扇骨材料，中间剖开，一分为二，正好成为两片对称的大骨，虽凹凸不平，但别具天趣。因材料来之不易，故而也颇名贵。

扇骨上的做工分成两种，一种是扇骨的整体造型，如大骨与中间的小骨从侧面雕刻成整体的形状，大骨与小骨并列，从粘扇面的部位往下，急剧收缩变窄，成为如同把柄似的一段细条，上截宽而下截细，好像螳螂的腿一般。这种叫"螳螂腿"的式样比较普遍。再求变化，就在"螳螂"的"脚"——扇骨下端的"聚头"的地方出花样了。于是，方头、琴燕尾、雁首、云头、圆头、尖头、葫芦、鱼尾等名目都被制作出来了。

扇骨聚头处更为讲究的式样叫"和尚头"，即以轴钉为中心，把扇骨底端做成圆球的形状，光滑圆整，像是刚刚剃过头的和尚脑袋，故名。湖南省非物质文化遗产"岳州扇"技艺传承人刘正文将扇骨雕刻为孔雀羽毛形状，扇面展开宛如孔雀开屏。

扇骨"做工"的另一种雕刻方式就是直接用刀具在大骨，即边骨上雕刻书法和绘画，即刻字与刻画，刀法分为阴刻与阳刻。扇骨上可雕刻的部位，上宽下窄，长不过6寸到7寸，最宽处2.6厘米，在这么狭小的面积上施展刀工技艺，是相当难的，它要求高度的准确和绝对的精细。

扇面最被人看重的就是字画，有字有画的扇面倍受人们青睐。扇面上绘画不同于由直线与直角构成的条幅斗方、长卷册页，扇画是合理而巧妙地利用扇形创作出的具有特色的艺术作品。扇面书画一般应精致工整，因扇子小又执于手中，宜于近观，寥寥数笔兰竹或四五个大字的作品，除非高手，一般较难讨好。所以一般藏家以扇面上比较复杂、难度较大的花卉草虫、山水人物及工笔仕女和界画风格的亭台楼阁为重。当然也要看名气大小，名气大的寥寥几笔亦胜一般画家繁复精致的扇画。本文开篇所述京城一客户花2万元在巴陵扇社购10寸原生态全斑竹扇一把，邀请为此扇作画的画家便是书画兼擅的大家殷本崇先生，名扇配名画相得益彰。

然而书画兼工的书法家和画家毕竟不多，有的书法家不会绘画，有的画家的书法不是强项。因此往往一把扇子分别由书法家和画家完成，到底是字为主、画为辅，还是画为主、字为辅，这就要看是书法家和画家的名头了。一般以饶有光泽的篦青小扇骨作为正面，篦黄小扇骨为反面。扇骨正面为书或正面为画，由扇面书画作者名头而定。有的扇子还以生宣或熟宣定正反两面。熟宣适合画工笔画，生宣宜画写意画，书法用纸则较宽一点。

二、如何收藏扇子

扇子收藏可分为两类，即"外拓"与"内敛"。

外拓即收藏古今中外各种各样、品位不分高低的扇子，聚少成多，以年份和内容体现价值，同时随着时间的推移，也能物以稀贵。

内敛，就是缩小范围，专收扇面上有书法、有绘画的书画扇。在收藏的过程中，要区别"商品"与"作品"，即机械化程度高，又是印刷品的为商品。纯手工制作又是手工绘画的为作品，部分丝印、仿真书画扇则可按工艺美术品收藏，因印制数量少，亦可收入囊中。明、清乃至民国时代的书画扇数量稀少，有的已成文物，价值昂贵，没有几十万、几百万乃至几千万难以到手。二十世纪五六十年代的名人书画扇也是高不可攀的，如一位叫王双起的扇子藏家玩扇之前，于六十年代中期购了一把于五十年代画的《松下高士》折扇，当时不过是仨瓜两枣的价钱。后来扇骨烂了，舍不得丢弃扇面上的画，于是揭裱成了镜心，配上框子挂在墙上欣赏。1995年老王翻阅当年国内一家拍卖行的图画，忽然见到同名画家一幅与《松下高士》非常近似的画，款上的年份也相近，画风完全一致，可惜略有残损，品相也不太好，但看标价，竟是25000元的高额数字，着实让老王吓了一跳。至于齐白石、黄宾虹、张大千一类的大师就更是天文数字了。

收藏不同于买房子，花的钱多肯定房质好、地点佳、面积大。收藏固然需要钱，但它更需要知识、学养和经验。收藏名人书画扇要防"看走眼"，尽量少交"学费"，清代大才子袁枚有诗称"两眼常将秋水洗，一生不受古人欺"也可运用于扇子收藏。在眼力、财力不够的情况下，尽量不去碰所谓古今大名人的东西，因为越有名就越有以假充真的赝品。入门不妨把眼光盯住身边的中青年书画家和那些有艺术潜质但又一时名气不是很大的老画家身上。由于大多数画家不善于作扇画，甚至不屑于作扇画，因此留下的扇画不会太多，这对于目光远大的收藏者来说，也是一个契机。如果得到一把不错的书画扇，等于购置了升值空间巨大的潜力股。作者所在的岳阳市除刘正文的岳阳巴陵扇社外，还有画家郭光山的岳州扇社等几家书画扇企业，二十世纪八十年代就有很多未成名的青年画家为他们作扇画，画一幅普通扇面只有5到10元不等。而二三十年后，他们当中有几位佼佼者一幅小小的作品就值几万元甚至十几万元。

另外，要提醒扇画收藏者注意的是，要区别扇画与扇形画的区别。近几年，宣纸市场出现了一种专供画家画扇形画的宣纸，不需上扇骨，直接装裱上镜面，这样的扇形画就不可作扇面收藏。扇面书画是有折痕的，在一张扇面的正面的为凹痕，到反面就成了凸痕。而"扇形书画"的表面是绝对平整的，是利用人们雅赏扇画的心理而派生的一个画类，与真正的扇画不可同日而语。

收藏界流行"买旧不买新"，但旧的毕竟难觅，作者建议不妨买些素面空白的折扇，然后花些费用请名家为扇面写字绘画，一扇在手，即可现世享用与观赏，也有不可估量的升值空间，为长久计还是合算的。

〔明〕 章谷 设色山水扇片

〔明〕 陈洪绶 金笺扇面

〔清〕 胡公寿 水墨金笺扇面

〔清〕 伊秉绶 纸本扇面

赵少昂 《蝉》

林浩 《牧羊图》

〔明〕 仇英 《高士驾鹿》

吴青霞 《文姬归汉》

李可染 《山水图》

齐白石　《发财图》书传

齐白石　《发财图》

刘凌沧　《仕女》

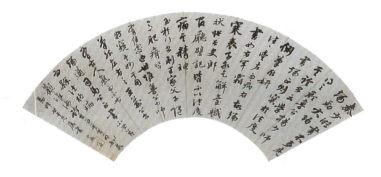

梁山舟　书法

钱贡　《渔乐图》

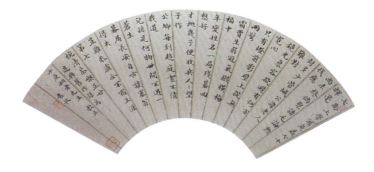

〔清〕 袁枚 书法

光绪年间 杭州王星记生产的工艺扇

原生态制作全斑竹扇收藏品

9寸原生态制作斑竹扇

9寸原生态制作芝麻斑竹扇

10寸原生态制作斑竹扇

10寸原生态制作芝麻斑竹扇

10 寸纯手工原生态制作斑竹扇骨

原生态制作全斑竹扇收藏品

2017年和2018年，岳阳巴陵扇社刘正文制作的《岳州扇全斑竹扇骨——弹琴长啸》（宋龙飞 绘）和《山花烂漫》分别在第十八届中国工艺美术大师暨手工艺品精品博览会获得"百花杯"中国工艺美术精品奖铜奖

9 寸原生态斑竹扇

10 寸原生态斑竹扇　李志文书

《仕女图》

9 寸原生态斑竹扇

10寸原生态斑竹扇

12寸原生态斑竹扇

原生态制作全斑竹扇收藏品

10寸原生态斑竹扇（中国扇子协会会长 崔承顺 书）

10寸原生态斑竹扇（曾庆勋 绘）

原生态制作全斑竹扇收藏品

10寸原生态斑竹扇（曾庆勋 绘）

9寸原生态斑竹扇

《露浓凝香》

岳阳巴陵扇豹纹扇骨画芯大挂扇 《苇塘雄风》

岳阳巴陵扇豹纹扇骨画芯大挂扇

3尺豹纹画芯扇《捣练图》

3尺豹纹画芯扇《三国群英》

2尺1寸豹纹画芯扇《九龙图》

岳阳巴陵扇豹纹扇骨「画芯大挂扇」

3 尺豹纹画芯扇《铁骨生辉》

2 尺 1 寸豹纹画芯扇《清明上河图》

2 尺 1 寸豹纹画芯扇《清明上河图》

岳阳巴陵扇豹纹扇骨「画芯大挂扇」

3 尺豹纹画芯扇《柳毅传书》

3 尺豹纹画芯扇《王维竹里馆》

3 尺豹纹画芯扇《清明上河图》

2 尺 1 寸豹纹画芯扇《锦上添花》

10寸《华阳仙官》

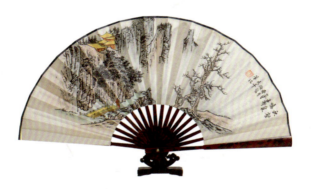

10寸《秋壑鸣泉》

10寸《江堤晚景》

10寸《长城》

10寸《修书下海》

10寸《山居访友》

9寸《京戏脸谱》

9寸《小乔》

1尺《范仲淹写岳阳楼记》

扇面画 宋龙飞 绘

138

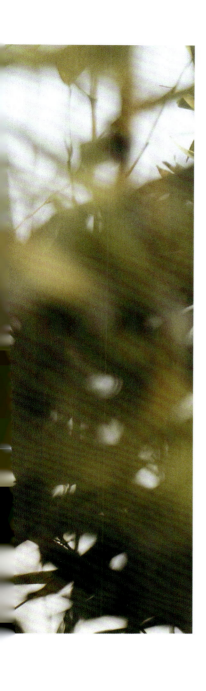

后记

　　《一生为扇》这本薄薄的小书付梓之际，心里未免惴惴不安，总觉得时间仓促，深入采访不够，加上写作水平有限，未能完整还原本书主人公刘正文先生一生为扇的精神面貌和他的传奇人生。但想到此前尚无与制扇艺人相关的著作可资借鉴，不妨投石问路，抛砖引玉，以期引起人们对中国优秀传统扇子文化的关注，为钟情扇文化的写作高手们做一粒小小的铺路石。

　　写作过程中，作者得到正文先生及其家人的信任，得到岳阳市、县相关部门的支持。特别是中国扇子艺术学会领导的高度关注，会长崔承顺亲自为本书撰写了题为《非遗传承　匠心追梦》的序言，大作高屋建瓴，在充分肯定正文先生业绩和贡献的同时，对中国扇子艺术的历史、现实和前景作了高度概括和令人鼓舞的展望。学会副秘书长、知名书法家江枫先生为本书赐书了由其撰写的诗作，北京著名书法家禹中斌先生以其独特的"南宫体"，挥毫泼墨题写了扉页。全国知名女诗人沈保玲以及余倚华、李岳武先生分别赐题《卜算子》，中国优秀传统诗词文化与扇子文化双璧生辉。本书还要感谢婉墨影社董事长欧阳光先生和岳阳资深摄影家李斌斌先生、朱安之先生等无偿提供了相关图片，为本书增色不少。这里还要感谢的是岳阳市档案馆、岳阳市工艺美术协会、手工业联社以及原岳阳制扇厂老领导的鼎力相助，为本书提供了不少珍贵的史料，岳阳市老年科技工作者协会、岳阳日报社也在写作上给予了大力支持。在此谨致谢意。

　　愿《一生为扇》成为一条汩汩小溪，流进读者的心田，汇入中国优秀传统文化的大江大湖。

刘衍清　刘志恒

2020年6月于洞庭湖畔